图书在版编目（CIP）数据

工程资料管理/经丽梅主编. —北京：中国建筑工业出版社，
2015.11（2025.6重印）
住房城乡建设部土建类学科专业"十三五"规划教材　住房和
城乡建设部中等职业教育建筑与房地产经济管理专业指导委员会
规划推荐教材（工程造价专业）
ISBN 978-7-112-18569-6

Ⅰ.①工…　Ⅱ.①经…　Ⅲ.①建筑工程-技术档案-档案管理-
中等专业学校-教材　Ⅳ.①G275.3

中国版本图书馆 CIP 数据核字（2015）第 248956 号

《工程资料管理》课程是中等职业学校工程造价专业（三年制）的一门专业核心课程。本
书主要采用"项目教学法"编写，按照资料员职业岗位的主要工作任务和职业能力要求设置教
学任务，选取并整合理论知识与实践操作教学内容，以职业岗位工作任务为载体设计教学训练
活动，构建任务引领型课程，实现"做学一体"，并且配备了真实的施工图纸。

全书由 4 个项目组成：项目 1 资料计划管理，项目 2 资料收集整理与资料信息系统管理，
项目 3 资料使用保管，项目 4 资料归档移交。

本书可作为中职工程造价专业教材，也可作为工程相关岗位培训教材或工程技术人员的参
考书。

为更好地支持相应课程的教学，我们向采用本书作为教材的教师提供教学课件，有需要者
可与出版社联系，邮箱：jckj@cabp.com.cn，电话：01058337285，建工书院 http://edu.cab-
plink.com。

责任编辑：吴越恺　张　晶　陈　桦
责任校对：李美娜　刘梦然

住房城乡建设部土建类学科专业"十三五"规划教材
住房和城乡建设部中等职业教育建筑与房地产经济管理专业指导委员会规划推荐教材
工程资料管理
（工程造价专业）
经丽梅　主　编
荆新华　副主编
唐　锋　主　审
*
中国建筑工业出版社出版、发行（北京海淀三里河路 9 号）
各地新华书店、建筑书店经销
北京科地亚盟排版公司制版
建工社（河北）印刷有限公司印刷
*
开本：787×1092 毫米　1/16　印张：10¾　字数：250 千字
2017 年 12 月第一版　2025 年 6 月第十次印刷
定价：**28.00** 元（赠教师课件）
ISBN 978-7-112-18569-6
（27827）

住房城乡建设部土建类学科专业"十三五"规划教材
住房和城乡建设部中等职业教育建筑与房地产
经济管理专业指导委员会规划推荐教材

工程资料管理

（工程造价专业）

经丽梅　主　编
荆新华　副主编
唐　锋　主　审

中国建筑工业出版社

本系列教材编委会 ◆◆

序言 ◆◆

　　工程造价专业教学标准、核心课程标准、配套规划教材由住房和城乡建设部中等职业教育建筑与房地产经济管理专业指导委员会进行系统研制和开发。

　　工程造价专业是建设类职业学校开设最为普遍的专业之一，该专业学习内容地方特点明显，应用性较强。住房和城乡建设部中职教育建筑与房地产经济管理专业指导委员会充分发挥专家机构的职能作用，来自全国多个地区的专家委员对各地工程造价行业人才需求、中职生就业岗位、工作层次、发展方向等现状进行了广泛而扎实的调研，对各地建筑工程造价相关规范、定额等进行了深入分析，在此基础上，综合各地实际情况，对该专业的培养目标、目标岗位、人才规格、课程体系、课程目标、课程内容等进行了全面和深入的研究，整体性和系统性地研制专业教学标准、核心课程标准以及开发配套规划教材，其中，由本指导委员会研制的《中等职业学校工程造价专业教学标准（试行）》于2014年6月由教育部正式颁布。

　　本套教材根据教育部颁布的《中等职业学校工程造价专业教学标准（试行）》和指导委员会研制的课程标准进行开发，每本教材均由来自不同地区的多位骨干教师共同编写，具有较为广泛的地域代表性。教材以"项目-课程"的模式进行开发，学习层次紧扣专业培养目标定位和目标岗位业务规格，学习内容紧贴目标岗位工作，大量选用实际工作案例，力求突出该专业应用性较强的特点，达到"与岗位工作对接，学以致用"的效果，对学习者熟悉工作过程知识、掌握专业技能、提升应用能力和水平有较为直接的帮助。

住房和城乡建设部中等职业教育建筑与房地产经济管理专业指导委员会

　　《工程资料管理》课程是中等职业学校工程造价专业（三年制）的一门专业核心课程。其任务是：通过对建筑工程资料计划、收集、编制、整理、归档、移交等操作业务所涉及的知识与技能的学习和训练，如何让学生在学习期间掌握资料员岗位知识、业务流程、操作技巧，具备资料员的基本职业技能和良好的职业素养。在住房和城乡建设部中等职业教育建筑与房地产经济管理专业指导委员会的指导下，中国建筑工业出版社的精心策划，组织多名双师型教师参与下编写了本教材。

　　本书主要参照了《建筑工程施工质量验收统一标准》GB 50300—2013 系列专业验收规范和《建筑工程资料管理规程》JGJ/T 185—2009 等规范规程进行编写，力求做到内容的规范性、实用性和时效性。

　　本书由广西城市建设学校经丽梅老师担任主编，河南省焦作市职业技术学校荆新华老师担任副主编。经丽梅、广州市市政职业学校廖志雄编写项目 1；河南省焦作市职业技术学校韩翔、四川建筑职业技术学院刘皓琳、广西城市建设学校曹啸宏编写项目 2；经丽梅编写项目 3；广州市土地房产管理职业学校卢崇望编写项目 4。广西桂林市建筑工程质量监督站站长唐锋高级工程师担任本书专业主审。

　　限于时间和能力，本书疏漏之处在所难免，敬请广大读者批评指正。

目录 ◆◆◆
Contents

项目 1
资料计划管理

项目概述

通过本项目的学习，学生能够了解资料员的主要工作职责；掌握工程资料的分类及施工资料的组成内容。能编制施工资料管理计划，知道施工资料管理计划编制的依据，掌握《建筑工程施工质量验收统一标准》GB 50300—2013 的相关规定。

任务 1.1　工程资料概述

通过本任务的学习，学生能够了解和掌握资料员的主要工作职责；熟悉掌握工程资料的分类。本任务分为资料员的主要工作职责和工程资料的分类两个学习主题。

1.1.1　资料员的主要工作职责

知识构成

1. 资料员的基本要求

工程资料的形成，主要靠资料员的收集、整理、编制成册，因此资料员在施工过程中担负着十分重要的责任。

资料员除了要有认真、负责的工作态度外，还必须认真学习和执行国家现行规范、规程、技术标准，熟悉上级主管部门有关工程技术资料管理的规定，编制本工程的资料收集方案及各阶段所需的资料文件清单，在施工各阶段预先向项目有关人员进行施工资料交底，及时收集、整理施工前应准备的立项资料和施工过程资料，确保工程资料与工程进度同步。配合项目总工和施工员指导、督促、检查分承包方施工资料管理工作，及时对相关的资料核查、汇总、整理成册，装盒归档。

2. 资料员的具体工作职责

（1）负责施工单位内部及与建设单位、勘察单位、设计单位、监理单位、材料及设备供应单位、分包单位、其他有关部门之间的文件及资料的收发、传达、管理等工作，应进行规范管理，做到及时收发、认真传达、妥善管理、准确无误。

（2）负责所涉及的工程图纸的收发、登记、传阅、借阅、整理、组卷、保管、移交、归档。

1）负责工程项目的所有图纸的接收、清点、登记、发放、归档、管理工作。在收到工程图纸并进行登记以后，按规定向有关单位和人员签发，由收件方签字确认。负责收存全部工程项目图纸，且每一项目应收存不少于两套正式图纸，其中至少一套图纸有设计单位图纸专用章，竣工图采用散装方式折叠，按资料目录的顺序，对建筑平面图、立面图、剖面图、建筑详图、结构施工图等建筑工程图纸进行分类管理。

2）收集整理施工过程中所有技术变更、洽商记录、会议纪要等资料并归档。

（3）参加分部分项工程的验收工作

1）负责备案资料的填写、会签、整理、报送、归档；

2）负责施工单位施工资料的编制、管理，做到完整、及时，与工程进度同步；

3）在工程竣工后，负责将文件资料、工程资料立卷移交。

（4）负责计划、统计的管理工作

1）负责对施工部位、产值完成情况的汇总、申报，按月编制施工统计报表。

2）负责对签订完成的合同进行收编归档，并编制目录。作好借阅登记，不得擅自抽取、复制、涂改，不得遗失，不得在案卷上随意画线、抽拆。

3）负责提供工程主要形象进度信息。

（5）负责工程项目的内业管理工作

1）协助项目经理做好对外协调、接待工作；

2）负责汇总各种内业资料，及时准确统计，登记台账，报表按要求上报；

3）负责对竣工工程档案整理、归档、保管、便于有关部门查阅调用。负责公司文案及有关表格等打印。保管工程印章，对工程盖章登记，并留存备案。

（6）处理好各种公共关系。

1.1.2 工程资料的分类

知识构成

1. 建筑工程资料的基本概念

建筑工程资料是工程建设从项目的提出、筹备、勘测、设计、施工到竣工投产等过程中形成的文件材料、图纸、图表、计算材料、声像材料等各种形式的信息总和，简称为工程资料。主要包括工程准备阶段资料、监理资料、施工资料、竣工图和竣工验收资料等。

2. 建筑工程资料的主要内容

（1）工程准备阶段资料。是指工程在立项、审批、征地、勘察、设计、招投标、开工、审批及工程概预算等工程准备阶段形成的资料，由建设单位提供。

（2）监理资料。是指监理单位在工程设计、施工等监理过程中形成的资料，主要包括监理管理资料、监理工作记录、竣工验收资料和其他资料等。监理资料由监理单位负责完成，工程竣工后，监理单位应按规定将监理资料移交给建设单位。

（3）施工资料。是指施工单位在工程具体施工过程中形成的资料，应由施工单位负责形成。工程竣工后，施工单位应按规定将施工资料移交给建设单位。

施工资料的主要内容：

1）施工管理资料是在施工过程中形成的反映施工组织及监理审批等情况资料的统称。主要内容有：施工现场质量管理检查记录、施工过程中报监理审批的各种报验报审表、施工试验计划及施工日志等。

2）施工技术资料是在施工过程中形成的，用以指导正确、规范、科学施工的技术文件及反映工程变更情况的各种资料的总称。主要内容有：施工组织设计及施工方案、技术交底记录、图纸会审记录、设计变更通知单、工程变更洽商记录等。

3）施工测量资料是在施工过程中形成的确保建筑物位置、尺寸、标高和变形量等满足设计要求和规范规定的各种测量成果记录的统称。主要内容有：工程定位测量记录、基槽平面标高测量记录、楼层平面放线及标高抄测记录、建筑物垂直度及标高测量记录、变形观测记录等。

4）施工物资资料是指反映工程施工所用物资质量和性能是否满足设计和使用要求的各种质量证明文件及相关配套文件的统称。主要内容有：各种质量证明文件、材料及构配件进场检验记录、设备开箱检验记录、设备及管道附件试验记录、设备安装使用说明书、各种材料的进场复试报告、预拌混凝土（砂浆）运输单等。

5）施工记录资料是施工单位在施工过程中形成的，为保证工程质量和安全的各种内部检查记录的统称。主要内容有：隐蔽工程验收记录、交接检查记录、地基验槽记录、地基处理记录、桩施工记录、混凝土浇灌申请书、混凝土养护测温记录、构件吊装记录、预应力钢筋张拉记录等。

6）施工试验资料是指按照设计及国家规范标准的要求，在施工过程中所进行的各种检测及测试资料的统称。主要内容有：土工、基桩性能、钢筋连接、埋件（植筋）拉拔、混凝土（砂浆）性能、施工工艺参数、饰面砖拉拔、钢结构焊缝质量检测及水暖、机电系统运转测试报告或测试记录。

7）过程验收资料是指参与工程建设的有关单位根据相关标准、规范对工程质量是否达到合格做出确认的各种文件的统称。主要内容有：检验批质量验收记录、分项工程质量验收记录、分部（子分部）工程质量验收记录、结构实体检验等。

8）工程竣工质量验收资料是指工程竣工时必须具备的各种质量验收资料。主要内容有：单位工程竣工预验收报验表、单位（子单位）工程质量控制资料核查记录、单位（子单位）工程安全和功能检查资料核查及主要功能抽查记录、单位（子单位）工程观感质量检查记录、室内环境检测报告、建筑节能工程现场实体检验报告、工程竣工质量报告、工程概况表等。

（4）竣工图。是工程竣工后，真实反映建筑工程项目施工结果的图样。

(5) 竣工验收资料。是指在工程项目竣工验收活动中形成的资料。包括工程验收总结、竣工验收记录、财务文件和声像、缩微、电子档案等。

任务 1.2 编制施工资料管理计划

通过本任务的学习，学生会编制施工资料管理计划；知道施工资料管理计划编制的依据及施工资料的传递途径和反馈范围。

知识构成

1. 工程资料管理计划

（1）工程资料管理计划的制定依据，是根据国家现行标准、规范、施工企业有关项目资料管理办法，结合项目所在地区的地域特点和实际情况。

（2）项目各部门的管理职责

1）项目技术部负责所有工程的技术和管理资料的记录、收集、整理、归档工作；负责牵头组织各相关部门对项目工程资料进行定期或不定期的检查。

2）项目工程部负责对项目质量保证资料中原材料、半成品、工序产品的检验资料、质量检验评定资料和项目管理资料的检查、指导，并协助项目整理竣工资料。

3）项目物资部负责对项目质量保证资料中原材料、半成品的材质资料的检查、指导，负责对项目管理资料中涉及原材料、半成品的部分进行检查、指导和规范，协助项目整理竣工资料。

（3）项目工程资料的分类管理

应按竣工验收条件的规定，及时组织人员认真整理竣工资料，并按要求建立健全竣工资料管理制度，实行科学收集，定向移交，统一归口，便于存取和检索。

1）技术管理资料的管理

工程质量技术资料的整理必须与工程施工进度同步，应始于工程开工，终于工程竣工，真实记录施工全过程，按形成规律收集。工程质量技术管理资料主要由项目内业技术员负责，其中工程定位测量、放线记录、建筑物垂直度观测及沉降观测记录等测量资料由项目测量员负责；技术交底等记录由技术员负责；施工日记由施工员记录，由内业技术员负责汇总。

2）质量保证资料的管理

钢材、焊接材料、水泥、砌块、砂浆、砂、石、涂料、石灰、混凝土外加剂、掺合料预制构件、防水材料及其他构件、预拌混凝土、混凝土、铁件、加工件等原材料、半成品的材质资料由项目材料员负责，试验资料由项目试验员负责；隐蔽记录、中间检查交接记录等施工记录由施工员负责。

3）质量验收评定资料的管理

工程检验资料的整理应按单位工程、分部（子分部）工程、分项工程划分的顺序，分类组卷。

工程质量检验评定资料主要由项目质检员负责。

（4）竣工图的管理

竣工图（结构、安装）需完整无缺地真实反映施工过程中的变更情况，内容应清晰。竣工图必须和该工程设计变更洽商记录一致，在竣工验收时归入技术资料。

（5）工程资料的移交

交付竣工验收的施工项目必须有与竣工资料目录相符的分类组卷档案。向建设单位（城建档案馆）移交竣工资料时，应按规定办理移交手续，检查验证手续必须签字完备。

2. 资料传递途径和反馈范围

（1）施工单位技术管理文件资料传递途径和反馈范围（图 1-1）

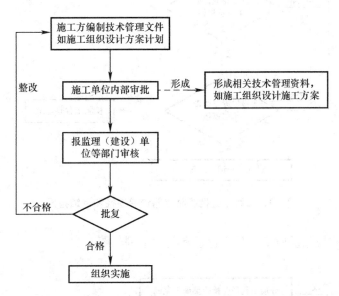

图 1-1 施工单位技术管理文件资料传递途径和反馈范围

（2）施工物资资料传递途径和反馈范围（图 1-2）

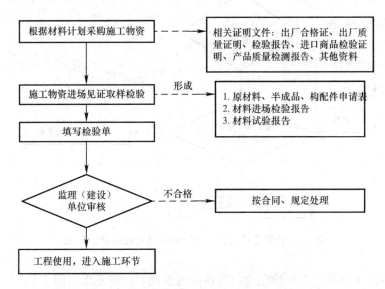

图 1-2 施工物资资料传递途径和反馈范围

（3）检验批质量验收资料传递途径和反馈范围（图 1-3）

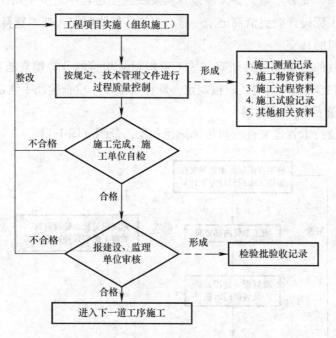

图 1-3　工程检验批验收资料传递途径和反馈范围

（4）分项工程质量验收资料传递途径和反馈范围（图 1-4）

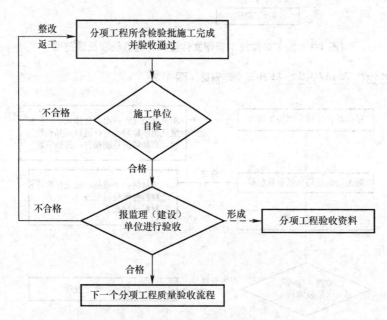

图 1-4　分项工程质量验收资料传递途径和反馈范围

（5）分部（子分部）工程质量验收资料传递途径和反馈范围（图 1-5）

（6）单位（子单位）工程竣工验收资料传递途径和反馈范围（图 1-6）

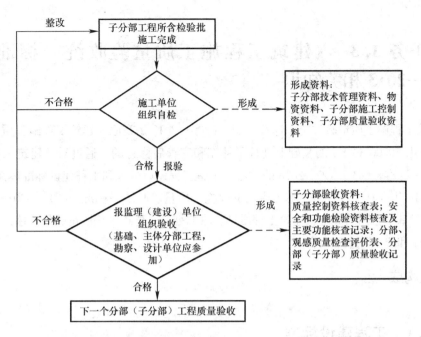

图 1-5 分部（子分部）工程质量验收资料传递途径和反馈范围

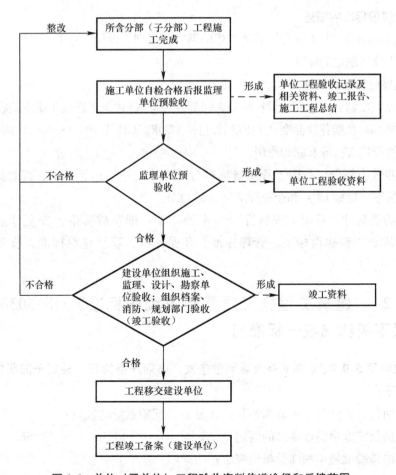

图 1-6 单位（子单位）工程验收资料传递途径和反馈范围

任务 1.3 《建筑工程施工质量验收统一标准》GB 50300—2013 相关知识

《建筑工程施工质量验收统一标准》GB 50300—2013 是在原《建筑工程施工质量验收统一标准》GB 50300—2001 的基础上进行了补充和完善后修订的。通过对《建筑工程施工质量验收统一标准》GB 50300—2013 的学习，了解工程建设标准和工程建设标准体系的概念，明确从 2014 年 6 月 1 日开始实施《建筑工程施工质量验收统一标准》GB 50300—2013，掌握其中关于基本原则的规定、建筑工程质量验收的划分、建筑工程质量验收、建筑工程质量验收的程序和组织等主要内容。

知识构成

1.3.1 工程建设标准

1. 工程建设标准的概述

工程建设标准指对基本建设中各类工程的勘察、规划、设计、施工、安装、验收等需要协调统一的事项所制定的标准。

2. 工程建设标准的划分

（1）按照性质划分，工程建设标准分为强制性标准（《建筑工程施工质量验收统一标准》GB 50300—2013）和推荐性标准（《质量管理体系要求》GB/T 19001—2016）两类，强制性标准对推荐性标准有指导和制约作用。

（2）按照效力划分，我国工程质量标准分为国家标准（国标 GB）、行业标准（行标 JGJ）、地方标准（地标 DB）和企业标准（企标 QB）。

（3）按功能划分，我国工程标准分为十种类型：即基础标准、安全标准、产品标准、方法标准、工程建设标准、管理标准、环保标准、项目建设标准、服务标准和卫生标准等。

1.3.2 《建筑工程施工质量验收统一标准》GB 50300—2013 概述（以下简称《统一标准》）

1. 标准中第 5.0.8、6.0.6 条为强制性条文，必须严格执行。相对于旧版标准，主要修订内容如下：

（1）增加符合条件时，可适当调整抽样复验、试验数量的规定；

（2）增加制定专项验收要求的规定；

（3）增加检验批最小抽样数量的规定；

（4）增加建筑节能分部工程，增加铝合金结构、太阳能热水系统、地源热泵系统子分部工程；

　　（5）修改主体结构、建筑装饰装修等分部工程中的分项工程划分；

　　（6）增加计数抽样方案的正常检验一次、二次抽样判定方法；

　　（7）增加工程竣工预验收的规定；

　　（8）增加勘察单位应参加单位工程验收的规定；

　　（9）增加工程质量控制资料缺失时，应进行相应的实体检验或抽样试验的规定。

　　2.《统一标准》的指导原则

　　《统一标准》始终贯彻"验评分离、强化验收、完善手段、过程控制"指导原则进行制订与实施。

1.3.3　《统一标准》主要内容

　　《统一标准》共分 6 章和 8 个附录，主要技术内容包括：总则、术语、基本规定、建筑工程质量验收的划分、建筑工程质量验收、建筑工程质量验收的程序和组织。

　　1. 总则

　　本章共 3 条，3 个条款，内容包括了目的、适用范围和与其他规范的关系三个方面。

　　目的：为了加强建筑工程质量管理，统一建筑工程施工质量的验收，保证工程质量，制定本标准。

　　适用范围：本标准适用于建筑工程施工质量的验收，并作为建筑工程各专业验收规范编制的统一准则。

　　与其他规范的关系：建筑工程施工质量验收，除应符合本标准要求外，尚应符合国家现行有关标准的规定。

　　2. 术语

　　本章共 17 个术语。是作为《统一标准》有关章节中所引用的。除本标准使用外，还可作为建筑工程各专业施工质量验收规范引用的依据。

　　3. 基本规定

　　本章共 10 条，26 个条款，基本规定了 3 项规则。

　　（1）控制施工质量的规则；

　　（2）验收的规则；

　　（3）合格判定的规则。

　　计量抽样的错判概率 α 和漏判概率 β 可按下列规定采取：

　　1）主控项目：对应于合格质量水平的 α 和 β 均不宜超过 5%；

　　2）一般项目：对应于合格质量水平的 α 不宜超过 5%，β 不宜超过 10%。

　　错判概率 α：合格批被判为不合格批的概率，即合格批被拒收的概率，用 α 表示。

　　漏判概率 β：不合格批被判为合格批的概率，即不合格批被误收的概率，用 β 表示。

　　4. 建筑工程质量验收的划分

　　本章共 8 条，10 个条款。建筑工程质量验收划分为单位工程、分部工程、分项工程和检验批（表 1-1）。

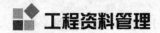

建筑工程质量验收划分 表 1-1

划分项目	划 分 原 则
单位工程	◆ 具备独立施工条件并能形成独立使用功能的建筑物或构筑物为一个单位工程； ◆ 对于规模较大的单位工程，可将其能形成独立使用功能的部分划分为一个子单位工程
分部工程	◆ 可按专业性质、工程部位确定； ◆ 当分部工程较大或较复杂时，可按材料种类、施工特点、施工程序、专业系统及类别将分部工程划分为若干子分部工程
分项工程	◆ 按主要工种、材料、施工工艺、设备类别进行划分
检验批	◆ 根据施工、质量控制和专业验收的需要，按工程量、楼层、施工段、变形缝进行划分

（1）单位工程的划分

在施工前由建设、监理、施工单位自行商议确定，并据此收集整理施工技术资料和验收。对于建筑规模较大的单位工程，可将其能形成独立使用功能的部分划分为一个子单位工程，这样有利于大型、高层及超高层建筑的分段验收。如一栋带裙楼的高层建筑，主楼 60 层，裙楼 12 层，业主在裙楼施工完具备使用功能后，计划先投入使用，就可以先以子单位工程进行验收；如果主楼 60 层分两个或三个子单位工程验收也是可以的。各子单位工程验收完，整个单位工程也就验收完了，整个单位工程验收完后，再办理竣工验收手续。

（2）分部工程的划分及验收规范

建筑工程中分部工程的划分，考虑了发展的特点及材料、设备、施工工艺的较大差异，便于施工和验收。

（3）分项工程的划分

建筑和结构工程分项工程的划分应按主要工种工程划分，如瓦工的砌砖工程、钢筋工的钢筋绑扎工程、木工的木门窗安装工程、油漆工的混色油漆工程。也可按施工程序的先后和使用材料的不同来划分。由于上部主体结构分部工程涉及人身安全及它在单位工程中的重要性，对楼房还必须按楼层（段）划分分项工程，对单层建筑应按变形缝划分分项工程。完成一层，验收一层，以便及时发现问题，及时返修。对一个钢筋混凝土框架结构，每一楼层的模板、钢筋、混凝土一般应按施工先后，把竖向构件和水平构件的同工种工程各分为一个分项工程，如钢筋混凝土柱模板分项工程、钢筋混凝土柱钢筋绑扎分项工程、钢筋混凝土柱混凝土浇筑分项工程。

分项工程的划分，要根据工程具体情况，既要便于对工程质量的管理，也要便于对工程质量的控制和验收。分项工程划分的是否合理，在很大程度上反映出施工现场工程管理水平。因为划分得太小增加工作量，划分得太大验收通不过返工量太大；大小悬殊太大，又使验收结果的可比性差。

（4）检验批的划分

1）主体结构分部的分项工程检验批的划分

① 多层及高层建筑，按楼层或施工缝（段）划分检验批；

② 单层建筑按变形缝来划分检验批。

2）地基基础分部的分项工程检验批的划分

① 有地下室时，应按不同地下楼层划分检验批；

② 无地下室时，划分为一个检验批。

3）屋面分部工程的分项工程检验批的划分

按不同楼层屋面划分为不同的检验批。

4）其他分部工程的分项工程检验批的划分

对结构形式比较单一的普通建筑物，一般按楼层划分检验批。

5）工程量较小的分项工程检验批的划分

统一划分为一个检验批。

6）安装工程检验批的划分

一般按一个系统或设备组别划分为一个检验批。

7）室外工程检验批的划分

室外工程中散水、明沟、阳台等统一作为一个检验批，纳入地面检验批中。

对地基基础中的土石方、基坑支护子分部工程及混凝土工程中的模板工程，虽不构成建筑工程实体，但它是建筑工程施工不可缺少的重要环节和必要条件，其施工质量如何，不仅关系到能否施工和施工安全，也关系到建筑工程质量，因此将其纳入施工验收内容是合理的。对这些内容的验收，更多的是过程验收。

（5）建筑工程的分部、分项工程划分宜按表 1-2 采用。

建筑工程分部工程、分项工程划分　　　　　　　　　　　　　　　　表 1-2

序号	分部工程	子分部工程	分项工程
1	地基与基础	地基	素土、灰土地基，砂和砂石地基，土工合成材料地基，粉煤灰地基，强夯地基，注浆地基，预压地基，砂石桩复合地基，高压旋喷注浆地基，水泥土搅拌桩地基，土和灰土挤密桩复合地基，水泥粉煤灰碎石桩复合地基，夯实水泥土桩复合地基
		基础	无筋扩展基础，钢筋混凝土扩展基础，筏形与箱形基础，钢结构基础，钢管混凝土结构基础，型钢混凝土结构基础，钢筋混凝土预制桩基础，泥浆护壁成孔灌注桩基础，干作业成孔桩基础，长螺旋钻孔压灌桩基础，沉管灌注桩基础，钢桩基础，锚杆静压桩基础，岩石锚杆基础，沉井与沉箱基础
		基坑支护	灌注排桩围护墙，板桩围护墙，咬合桩围护墙，型钢水泥土搅拌墙，土钉墙，地下连续墙，水泥土重力式挡墙，内支撑，锚杆，与主体结构相结合的基坑支护
		地下水控制	降水与排水，回灌
		土方	土方开挖，土方回填，场地平整
		边坡	喷锚支护，挡土墙，边坡开挖
		地下防水	主体结构防水，细部构造防水，特殊施工法结构防水，排水，注浆
2	主体结构	混凝土结构	模板、钢筋、混凝土，预应力、现浇结构，装配式结构
		砌体结构	砖砌体，混凝土小型空心砌块砌体，石砌体，配筋砌体，填充墙砌体
		钢结构	钢结构焊接，紧固件连接，钢零部件加工，钢构件组装及预拼装，单层钢结构安装，多层及高层钢结构安装，钢管结构安装，预应力钢索和膜结构，压型金属板，防腐涂料涂装，防火涂料涂装
		钢管混凝土结构	构件现场拼装，构件安装，钢管焊接，构件连接，钢管内钢筋骨架，混凝土

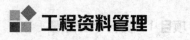

续表

序号	分部工程	子分部工程	分项工程
2	主体结构	型钢混凝土结构	型钢焊接，紧固件连接，型钢与钢筋连接，型钢构件组装及预拼装，型钢安装，模板，混凝土
		铝合金结构	铝合金焊接，紧固件连接，铝合金零部件加工，铝合金构件组装，铝合金构件预拼装，铝合金框架结构安装，铝合金空间网格结构安装，铝合金面板，铝合金幕墙结构安装，防腐处理
		木结构	方木与原木结构，胶合木结构，轻型木结构，木结构的防护
3	建筑装饰装修	建筑地面	基层铺设，整体面层铺设，板块面层铺设，木、竹面层铺设
		抹灰	一般抹灰，保温层薄抹灰，装饰抹灰，清水砌体勾缝
		外墙防水	外墙砂浆防水，涂膜防水，透气膜防水
		门窗	木门窗安装，金属门窗安装，塑料门窗安装，特种门安装，门窗玻璃安装
		吊顶	整体面层吊顶，板块面层吊顶，格栅吊顶
		轻质隔墙	板材隔墙，骨架隔墙，活动隔墙，玻璃隔墙
		饰面板	石板安装，陶瓷板安装，木板安装，金属板安装，塑料板安装
		饰面砖	外墙饰面砖粘贴，内墙饰面砖粘贴
		幕墙	玻璃幕墙安装，金属幕墙安装，石材幕墙安装，陶板幕墙安装
		涂饰	水性涂料涂饰，溶剂型涂料涂饰，美术涂饰
		裱糊与软包	裱糊、软包
		细部	橱柜制作与安装，窗帘盒和窗台板制作与安装，门窗套制作与安装，护栏和扶手制作与安装，花饰制作与安装
4	屋面	基层与保护	找坡层和找平层，隔汽层，隔离层，保温层
		保温与隔热	板状材料保温层，纤维材料保温层，喷涂硬泡聚氨酯保温层，现浇泡沫混凝土保温层，种植隔热层，架空隔热层，蓄水隔热层
		防水与密封	卷材防水层，涂膜防水层，复合防水层，接缝密封防水
		瓦面与板面	烧结瓦和混凝土瓦铺装，沥青瓦铺装，金属板铺装，玻璃采光顶铺装
		细部构造	檐口，檐沟和天沟，女儿墙和山墙，水落口，变形缝，伸出屋面管道，屋面出入口，反梁过水孔，设施基座，屋脊，屋顶窗
5	建筑给水排水及供暖	室内给水系统	给水管道及配件安装，给水设备安装，室内消火栓系统安装，消防喷淋系统安装，防腐，绝热，管道冲洗、消毒，试验与调试
		室内排水系统	排水管道及配件安装，雨水管道及配件安装，防腐，试验与调试
		室内热水系统	管道及配件安装，辅助设备安装，防腐，绝热，试验与调试
		卫生器具	卫生器具安装，卫生器具给水配件安装，卫生器具排水管道安装，试验与调试
		室内供暖系统	管道及配件安装，辅助设备安装，散热器安装，低温热水地板辐射供暖系统安装，电加热供暖系统安装，燃气红外辐射供暖系统安装，热风供暖系统安装，热计量及调控装置安装，试验与调试，防腐，绝热
		室外给水管网	给水管道安装，室外消火栓系统安装，试验与调试
		室外排水管网	排水管道安装，排水管沟与井池，试验与调试
		室外供热管网	管道及配件安装，系统水压试验，土建结构，防腐，绝热，试验与调试
		建筑饮用水供应系统	管道及配件安装，水处理设备及控制设施安装，防腐，绝热，试验与调试
		建筑中水系统及雨水利用系统	建筑中水系统、雨水利用系统管道及配件安装，水处理设备及控制设施安装，防腐，绝热，试验与调试
		游泳池及公共浴池水系统	管道及配件系统安装，水处理设备及控制设施安装，防腐，绝热，试验与调试

续表

序号	分部工程	子分部工程	分 项 工 程
5	建筑给水排水及供暖	水景喷泉系统	管道系统及配件安装，防腐，绝热，试验与调试
		热源及辅助设备安装	锅炉安装，辅助设备及管道安装，安全附件安装，换热站安装，防腐，绝热，试验与调试
		监测与控制仪表	检测仪器及仪表安装，试验与调试
6	通风与空调	送风系统	风管与配件制作，部件制作，风管系统安装，风机与空气处理设备安装，风管与设备防腐，旋流风口，岗位送风口，织物（布）风管安装，系统调试
		排风系统	风管与配件制作，部件制作，风管系统安装，风机与空气处理设备安装，风管与设备防腐，吸风罩及其他空气处理设备安装，厨房、卫生间排风系统安装，系统调试
		防排烟系统	风管与配件制作，部件制作，风管系统安装，风机与空气处理设备安装，风管与设备防腐，排烟风阀（口）、常闭正压风口、防火风管安装，系统调试
		除尘系统	风管与配件制作，部件制作，风管系统安装，风机与空气处理设备安装，风管与设备防腐，除尘器与排污设备安装，吸尘罩安装，高温风管绝热，系统调试
		舒适性空调系统	风管与配件制作，部件制作，风管系统安装，风机与空气处理设备安装，风管与设备防腐，组合式空调机组安装，消声器、静电除尘器、换热器、紫外线灭菌器等设备安装，风机盘管、变风量与定风量送风装置、射流喷口等末端设备安装，风管与设备绝热，系统调试
		恒温恒湿空调系统	风管与配件制作，部件制作，风管系统安装，风机与空气处理设备安装，风管与设备防腐，组合式空调机组安装，电加热器、加湿器等设备安装，精密空调机组安装，风管与设备绝热，系统调试
		净化空调系统	风管与配件制作，部件制作，风管系统安装，风机与空气处理设备安装，风管与设备防腐，净化空调机组安装，消声器、静电除尘器、换热器、紫外线灭菌器等设备安装，中、高效过滤器及风机过滤器单元等末端设备清洗与安装，洁净度测试，风管与设备绝热，系统调试
		地下人防通风系统	风管与配件制作，部件制作，风管系统安装，风机与空气处理设备安装，风管与设备防腐，过滤吸收器、防爆波活门、防爆超压排气活门等专用设备安装，系统调试
		真空吸尘系统	风管与配件制作，部件制作，风管系统安装，风机与空气处理设备安装，风管与设备防腐，管道安装，快速接口安装，风机与滤尘设备安装，系统压力试验及调试
		冷凝水系统	管道系统及部件安装，水泵及附属设备安装，管道冲洗，管道、设备防腐，板式热交换器，辐射板及辐射供热、供冷地埋管，热泵机组设备安装，管道、设备绝热，系统压力试验及调试
		空调（冷、热）水系统	管道系统及部件安装，水泵及附属设备安装，管道冲洗，管道、设备防腐，冷却塔与水处理设备安装，防冻伴热设备安装，管道、设备绝热，系统压力试验及调试
		冷却水系统	管道系统及部件安装，水泵及附属设备安装，管道冲洗，管道、设备防腐，系统灌水渗漏及排放试验，管道、设备绝热
		土壤源热泵换热系统	管道系统及部件安装，水泵及附属设备安装，管道冲洗，管道、设备防腐，埋地换热系统与管网安装，管道、设备绝热，系统压力试验及调试
		水源热泵换热系统	管道系统及部件安装，水泵及附属设备安装，管道冲洗，管道、设备防腐，地表水源换热管及管网安装，除垢设备安装，管道、设备绝热，系统压力试验及调试
		蓄能系统	管道系统及部件安装，水泵及附属设备安装，管道冲洗，管道、设备防腐，蓄水罐与蓄冰槽、罐安装，管道、设备绝热，系统压力试验及调试

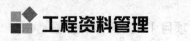

序号	分部工程	子分部工程	分 项 工 程
6	通风与空调	压缩式制冷（热）设备系统	制冷机组及附属设备安装，管道、设备防腐，制冷剂管道及部件安装，制冷剂灌注，管道、设备绝热，系统压力试验及调试
		吸收式制冷设备系统	制冷机组及附属设备安装，管道、设备防腐，系统真空试验，溴化锂溶液加灌，蒸汽管道系统安装，燃气或燃油设备安装，管道、设备绝热，试验及调试
		多联机（热泵）空调系统	室外机组安装，室内机组安装，制冷剂管路连接及控制开关安装，风管安装，冷凝水管道安装，制冷剂灌注，系统压力试验及调试
		太阳能供暖空调系统	太阳能集热器安装，其他辅助能源、换热设备安装，蓄能水箱、管道及配件安装，防腐，绝热，低温热水地板辐射采暖系统安装，系统压力试验及调试
		设备自控系统	温度、压力与流量传感器安装，执行机构安装调试，防排烟系统功能测试，自动控制及系统智能控制软件调试
7	建筑电气	室外电气	变压器、箱式变电所安装，成套配电柜、控制柜（屏、台）和动力、照明配电箱（盘）及控制柜安装，梯架、支架、托盘和槽盒安装，导管敷设，电缆敷设，管内穿线和槽合内敷线，电缆头制作、导线连接和线路绝缘测试，普通灯具安装，专用灯具安装，建筑照明通电试运行，接地装置安装
		变配电室	变压器、箱式变电所安装，成套配电柜、控制柜（屏、台）和动力、照明配电箱（盘）安装，母线槽安装，梯架、支架、托盘和槽盒安装，电缆敷设，电缆头制作、导线连接和线路绝缘测试，接地装置安装，接地干线敷设
		供电干线	电气设备试验和试运行，母线槽安装，梯架、支架、托盘和槽盒安装，导管敷设，电缆敷设，管内穿线和槽盒内敷线，电缆头制作、导线连接和线路绝缘测试，接地干线敷设
		电气动力	成套配电柜、控制柜（屏、台）和动力配电箱（盘）安装，电动机、电加热器及电动执行机构检查接线，电气设备试验和试运行，梯架、支架、托盘和槽盒安装，导管敷设，电缆敷设，管内穿线和槽盒内敷线，电缆头制作、导线连接和线路绝缘测试
		电气照明	成套配电柜、控制柜（屏、台）和照明配电箱（盘）安装，梯架、支架、托盘和槽盒安装，导管敷设，管内穿线和槽盒内敷线，塑料护套线直敷布线，钢索配线，电缆头制作、导线连接和线路绝缘测试，普通灯具安装，专用灯具安装，开关、插座、风扇安装，建筑照明通电试运行
		备用和不间断电源安装	成套配电柜、控制柜（屏、台）和动力、照明配电箱（盘）安装，柴油发电机组安装，不间断电源装置及应急电源装置安装，母线槽安装，导管敷设，电缆敷线，管内穿线和槽盒内敷线，电缆头制作，导线连接和线路绝缘测试，接地装置安装
		防雷及接地	接地装置安装，防雷引下线及接闪器安装，建筑物等电位连接，浪涌保护器安装
8	智能建筑	智能化集成系统	设备安装，软件安装，接口及系统调试，试运行
		信息接入系统	安装场地检查
		用户电话交换系统	线缆敷设，设备安装，软件安装，接口及系统调试，试运行
		信息网络系统	计算机网络设备安装，计算机网络软件安装，网络安全设备安装，网络安全软件安装，系统调试，试运行
		综合布线系统	梯架、托盘、槽盒和导管安装，线缆敷设，机柜、机架、配线架的安装，信息插座安装，链路或信道测试，软件安装，系统调试，试运行
		移动通信室内信号覆盖系统	安装场地检查
		卫星通信系统	安装场地检查

续表

序号	分部工程	子分部工程	分项工程
8	智能建筑	有线电视及卫星电视接收系统	梯架、托盘、槽盒和导管安装，线缆敷设，设备安装，软件安装，系统调试，试运行
		公共广播系统	梯架、托盘、槽盒和导管安装，线缆敷设，设备安装，软件安装，系统调试，试运行
		会议系统	梯架、托盘、槽盒和导管安装，线缆敷设，设备安装，软件安装，系统调试，试运行
		信息导引及发布系统	梯架、托盘、槽盒和导管安装，线缆敷设，显示设备安装，机房设备安装，软件安装，系统调试，试运行
		时钟系统	梯架、托盘、槽盒和导管安装，线缆敷设，设备安装，软件安装，系统调试，试运行
		信息化应用系统	梯架、托盘、槽盒和导管安装，线缆敷设，设备安装，软件安装，系统调试，试运行
		建筑设备监控系统	梯架、托盘、槽盒和导管安装，线缆敷设，传感器安装，执行器安装，控制器、箱安装，中央管理工作站和操作分站设备安装，软件安装，系统调试，试运行
		火灾报警系统	梯架、托盘、槽盒和导管安装，线缆敷设，探测器类设备安装，控制器类设备安装，其他设备安装，软件安装，系统调试，试运行
		安全技术防范系统	梯架、托盘、槽盒和导管安装，线缆敷设，设备安装，软件安装，系统调试，试运行
		应急响应系统	设备安装，软件安装，系统调试，试运行
		机房	供配电系统，防雷与接地系统，空气调节系统，给水排水系统，综合布线系统，监控与安全防范系统，消防系统，室内装饰装修，电磁屏蔽，系统调试，试运行
		防雷及接地	接地装置，接地线，等电位联接，屏蔽设施，电涌保护器，线缆敷设，系统调试，试运行
9	建筑节能	围护系统节能	墙体节能，幕墙节能，门窗节能，屋面节能，地面节能
		供暖空调设备及管网节能	供暖节能，通风与空调设备节能，空调与供暖系统冷热源节能，空调与供暖系统管网节能
		电气动力节能	配电节能，照明节能
		监控系统节能	监测系统节能，控制系统节能
		可再生能源	地源热泵系统节能，太阳能光热系统节能，太阳能光伏节能
10	电梯	电力驱动的曳引式或强制式电梯	设备进场验收，土建交接检验，驱动主机，导轨，门系统，轿厢，对重，安全部件，悬挂装置，随行电缆，补偿装置，电气装置，整机安装验收
		液压电梯	设备进场验收，土建交接检验，液压系统，导轨，门系统，轿厢，对重，安全部件，悬挂装置，随行电缆，电气装置，整机安装验收
		自动扶梯、自动人行道	设备进场验收，土建交接检验，整机安装验收

室外工程划分　　　　　　　　　　表1-3

单位工程	子单位工程	分部（子分部）工程
室外设施	道路	路基、基层、面层、广场与停车场、人行道、人行地道、挡土墙、附属构筑物
	边坡	土石方、挡土墙、支护
附属建筑及室外环境	附属建筑	车棚，围墙，大门，挡土墙
	室外环境	建筑小品，亭台，水景，连廊，花坛，场坪绿化，景观桥

5. 建筑工程质量验收

本章共 8 条，24 个条款。

（1）检验批、分项、分部、单位工程质量验收合格规定及验收记录用表应符合下列表 1-4 规定。

检验批、分项、分部、单位工程质量验收合格规定及验收记录用表　　　　表 1-4

质量验收项目	验收合格规定	验收记录用表
检验批	◆ 主控项目的质量经抽样检验均应合格； ◆ 一般项目的质量经抽样检验合格。当采用计数抽样时，合格点率应符合有关专业验收规范的规定，且不得存在严重缺陷。对于计数抽样的一般项目，正常检验一次、二次抽样可按《统一标准》附录 D 判定； ◆ 具有完整的施工操作依据、质量验收记录	检验批质量验收记录按《统一标准》附录 E 填写
分项工程	◆ 所含检验批的质量均应验收合格； ◆ 所含检验批的质量验收记录应完整	检验批质量验收记录按《统一标准》附录 F 填写
分部工程	◆ 所含分项工程的质量均应验收合格； ◆ 质量控制资料应完整； ◆ 有关安全、节能、环境保护和主要使用功能的抽样检验结果应符合相应规定； ◆ 观感质量应符合要求	检验批质量验收记录按《统一标准》附录 G 填写
单位工程	◆ 所含分部工程的质量均应验收合格； ◆ 质量控制资料应完整； ◆ 所含分部工程中有关安全、节能、环境保护和主要使用功能的检验资料应完整； ◆ 主要使用功能的抽查结果应符合相关专业验收规范的规定； ◆ 观感质量应符合要求	检验批质量验收记录按《统一标准》附录 H 填写

（2）检验批验收对于计数抽样的一般项目，正常检验一次、二次抽样按表 1-5 和表 1-6 判定。

一般项目正常一次性抽样的判定　　　　表 1-5

样本容量	合格判定数	不合格判定数	样本容量	合格判定数	不合格判定数
5	1	2	32	7	8
8	2	3	50	10	11
13	3	4	80	14	15
20	5	6	125	21	22

一般项目正常二次性抽样的判定　　　　表 1-6

抽样次数	样本容量	合格判定数	不合格判定数	抽样次数	样本容量	合格判定数	不合格判定数
（1）	3	0	2	（1）	20	3	6
（2）	6	1	2	（2）	40	9	10
（1）	5	0	3	（1）	32	5	9
（2）	10	3	4	（2）	64	12	13
（1）	8	1	3	（1）	50	7	11
（2）	16	4	5	（2）	100	18	19
（1）	13	2	5	（1）	80	11	16
（2）	26	6	7	（2）	160	26	27

注：表中（1）、（2）为一次抽样，二次抽样，（2）对应的样本容量为两次抽样的累计数量。

一次抽样判定举例：假设验收的样本容量为 20，通过现场检验，在 20 个样本中如果有 5 个或 5 个以下偏差超标，该检测批判定为合格；当有 6 个或 6 个以上偏差超标时，则该检测批判定为不合格。

二次抽样判定举例：假设验收的样本容量为 20，当 20 个样本中有 3 个或 3 个以下偏差超标时，该检测批直接判定为合格；当有 6 个或 6 个以上偏差超标时，该检测批直接判定为不合格，这两种情况均不需进行第二次抽样。只有当 4 个或 5 个样本偏差超标时，才需要进行第二次抽样，第二次抽样增加的样本容量也为 20 个，两次抽样的样本之和为 40 个，当两次偏差超标的样本数量之和为 9 个或小于 9 个时，该检测批判定为合格，当两次偏差超标样本数量之和为 10 个或大于 10 个时，该检测批判定为不合格。

（3）当建筑工程施工质量不符合要求时，应按下列规定进行处理：

1）经返工或返修的检验批，应重新进行验收；

2）经有资质的检测机构检测鉴定能够达到设计要求的检验批，应予以验收；

3）经有资质的检测机构检测鉴定达不到设计要求、但经原设计单位核算认可能够满足安全和使用功能的检验批，可予以验收；

4）经返修或加固处理的分项、分部工程，满足安全及使用功能要求时，可按技术处理方案和协商文件的要求予以验收。

（4）经返修或加固处理仍不能满足安全或重要使用功能的分部工程及单位工程，严禁验收。

6. 建筑工程质量验收的程序和组织

本章共 6 条，6 个条款。

（1）验收程序：检验批→分项工程→子分部工程→分部工程→单位工程。

（2）验收组织的规定：检验批、分项工程、分部工程的验收组织人员见表 1-7。

检验批、分项工程、分部工程的验收组织人员 表 1-7

项目	组织人员	参与人员
检验批	专业监理工程师	◆ 施工单位项目专业质量检查员、专业工长等
分项工程	专业监理工程师	◆ 施工单位项目专业技术负责人等
分部工程	总监理工程师	◆ 施工单位项目负责人和项目技术负责人等； ◆ 勘察、设计单位项目负责人和施工技术、质量部门负责人应参加地基与基础分部工程验收； ◆ 设计单位项目负责人和施工单位技术、质量部门负责人应参加主体结构、节能分部工程的验收

读者可扫描下方二维码，了解工程资料管理的必要术语和基本概念，为后续的学习打好基础。

建筑工程施工质量验收
统一标准中的必要术语

工程资料管理基本概念

项目 2
资料收集整理与资料信息系统管理

项目概述

通过本项目的学习，学生能根据施工图纸正确收集和编写施工准备阶段资料、地基与基础工程施工阶段资料、主体结构工程施工阶段资料、建筑装饰装修工程施工阶段资料、屋面工程施工阶段资料及竣工验收阶段资料。

任务 2.1 施工准备阶段资料编制和收集

任务描述

施工准备阶段资料编制和收集共分三部分内容，通过本工作任务的学习，学生能够根据施工图纸准确列出各种相关的工程前期文件资料，学会收集施工合同及其他与施工单位相关的文件、工程质量监督手续等资料，能正确填写图纸会审记录、工作联系单、现场签证、施工现场质量管理检查记录、开工申请、开工令等资料。

2.1.1 合同资料、安全监督手续资料、质量监督手续资料

知识构成

1. 施工准备阶段资料是指工程在立项、审批、征地、勘察、设计、招投标、开工、审批及工程概预算等工程准备阶段形成的资料，由建设单位提供。

2. 建筑工程项目开工初始，资料员要协助建设单位收集整理工程前期文件资料。在工程开工建设前，建设单位应办理好各种相关审批手续，各种审批文件齐全后方可开工。

3. 在工程开工前建设单位应及时将以上资料提供给相关参建单位，以便各参建单位

做好开工前的准备工作，如施工单位编制施工组织设计和施工方案，监理单位编制监理规划和监理实施细则等。

课堂活动

1. 展示教师收集到的已填好的工程资料。

2. 对学生进行分组，对工程资料的形成、分类进行讨论、汇总。

施工准备阶段资料是指工程在立项、审批、征地、勘察、设计、招投标、开工、审批及工程概预算等工程准备阶段形成的资料。按其性质可分为：立项决策、建设用地、勘查设计、招投标及合同、开工、商务及其他备案文件。

3. 结合所学知识，列出施工准备阶段资料的名称（表 2-1）。

施工准备阶段资料名称　　　　　　　　　　　表 2-1

项目名称	序号	文件资料名称
施工准备阶段资料	1	建设工程质量监督登记
	2	建设工程规划许可证
	3	建设工程中标通知书
	4	建设工程施工许可证
	5	图纸会审记录，工作联系单、现场签证单
	6	施工图设计文件审查批准书
	7	施工组织设计/报审表
	8	工序施工方案/报审表
	9	建设工程施工合同
	10	施工现场质量管理检查记录
	11	项目经理部组建审批记录及人员名册、上岗证书（复印件）
	12	开工申请、开工令
	13	技术交底
	14	分包单位的资质审查和管理记录
	15	岩土工程地质勘查报告
	16	规划水准点、坐标点、施工红线图等资料

2.1.2　图纸会审记录、工作联系单、现场签证

知识构成

1. 《图纸会审记录》

（1）图纸会审的定义，图纸会审是指工程各参建单位（建设单位、监理单位、施工单位）在收到设计院施工图设计文件后，对图纸进行全面细致地熟悉，审查出施工图中存在的问题及不合理情况并提交设计院进行处理的一项重要活动。

（2）通过图纸会审可以使各参建单位特别是施工单位熟悉设计图纸、领会设计意图、掌握工程特点及难点，找出需要解决的技术难题并拟定解决方案，从而在施工之前将因设计缺陷而存在的问题解决。

2.《工作联系单》用于工程有关各方之间传递意见、决定、通知、要求等信息，即监理单位和其他参建单位传递意见、建议、决定、通知等的工作联系单。

3.《现场签证》按承发包合同约定，一般由承发包双方代表就施工过程中涉及合同价款之外的责任认定时所做的签认证明。

课堂活动

1. 教师引导学生找出《图纸会审记录》、《工作联系单》、《现场签证》的相关规定。

2. 结合施工图纸，填写图纸会审记录（表2-2）。

图纸会审记录   表 2-2

建设单位：××学院   单位工程名称：××学院××校区1号宿舍楼

会审日期：___×___年___×___月___×___日

序号	图号	会审记录	
		问题	答复意见
1	建施02	窗套是否考虑取消？	取消
2	建施02	踢脚线是否取消？	不取消，但改为与墙面平
3	建施04	楼梯入口地面台阶无做法说明？	按（工程做法）中坡道做法
4	结施	基础地梁是否提高至±0.000位置？	地梁面标高改为-0.060m

施工单位：××建筑工程公司 （盖章）   设计单位：××建筑设计公司 （盖章）   建设单位：××学院 （盖章）
技术负责人：×××   设计负责人：×××   项目负责人：×××
参加人：×××   参加人：×××   参加人：×××

填写《图纸会审记录》需注意以下事项：

（1）填写依据

主要由施工单位、监理单位负责提出图纸问题，并形成记录，设计单位对各专业问题进行交底，施工单位整理汇总，形成图纸会审记录。

（2）填写要点

1）图纸会审的内容

① 是否无证设计或超越资质设计；图纸是否经设计单位正式签署；

② 地质勘探资料是否齐全；

③ 设计图纸与说明是否齐全，有无分期供图的时间表；

④ 设计地震设防烈度是否符合当地要求；

⑤ 几个设计单位共同设计的图纸相互间有无矛盾；专业图纸之间、平面图、立面图、剖面图之间有无矛盾；标注有无遗漏；

⑥ 总平面图与施工图的几何尺寸、平面位置、标高等是否一致；

⑦ 防火、消防是否满足要求；

⑧ 建筑结构与各专业图纸本身是否有差错及矛盾；结构图与建筑图的平面尺寸及标高是否一致；建筑图与结构图的表示方法是否清楚；是否符合制图标准；预埋件是否表示清楚；有无钢筋明细表；钢筋的构造要求在图中是否表示清楚；

⑨ 施工图中所列各种标准图册，施工单位是否具备；

⑩ 材料来源有无保证，能否代换；图中所要求的条件能否满足；新材料、新技术的应用有无问题；

⑪ 地基处理方法是否合理，建筑与结构构造是否存在不能施工、不便于施工的技术问题，或容易导致质量、安全、工程费用增加等方面的问题；

⑫ 工艺管道、电气线路、设备装置、运输道路与建筑物之间或相互间有无矛盾，布置是否合理，是否满足设计功能要求；

⑬ 施工安全、环境卫生有无保证；

⑭ 图纸是否符合监理大纲所提出的要求。

2）提出单位：施工单位或监理单位。

3）提出人：施工单位技术负责人或监理单位负责人。

4）四方签字：施工单位技术负责人或项目经理亲笔签名；设计单位项目负责人亲笔签名；监理单位监理工程师亲笔签名；建设单位项目负责人亲笔签名。形成正式的图纸会审记录。不得擅自在会审上涂改或变更其内容。

3. 结合施工图纸，填写《监理工作联系单》（表 2-3）

监理工作联系单　　　　　　　　　　　　　　　　　表 2-3

工程名称：××学院××校区1号宿舍楼	编号：001

致：××学院××校区1号宿舍楼工程项目经理部（单位）

事由：基础土方回填分项工程的施工过程中存在一些问题，要求贵项目部针对不同的问题，制定整改措施。

内容：

1. 回填土一般选用含水量在 10％左右的干净黏性土（以手攥成团、自然落地散开为宜）。若土过湿，要进行晾晒或掺入干土、白灰等处理；若土含水量偏低，可适当洒水湿润。

2. 回填土要分层铺摊夯实，蛙式打夯机每层铺土厚度为 200～250mm；人工夯实时不大于 200mm。每层至少夯击三遍，要求一夯压半夯。

3. 土虚铺过厚、夯实不够会造成回填土下沉，而导致地面、散水裂缝甚至下沉。

　　　　　　　　　　　　　　　　　　　单　位：　××监理公司
　　　　　　　　　　　　　　　　　　　负责人：　　×××
　　　　　　　　　　　　　　　　　　　日　期：　×年×月×日

填写《监理工作联系单》需注意以下事项：

(1) 填写依据

1) 参考规范：《建设工程监理规范》GB/T 50319—2013。

2) 监理工作联系单是指在施工过程中，与监理有关各方工作联系用表。即与监理有关的某一方需向另一方或几方告知某一事项或提出某项建议等，对方执行情况不需要书面回复时均用此表。

(2) 填写要点

1) 事由：填写联系事项的主题。

2) 内容：本次监理工作联系单所提出联系事项的主要内容。要求内容明确、完整、无歧义。可作为联系事项的内容包括以下几项：

① 《建设单位委托监理合同》中规定监理单位需要向委托人书面报告的事项；

② 监理单位调整或更换监理人员；

③ 监理费用支付通知；

④ 监理机构提出的合理化建议；

⑤ 建设单位向监理机构提供的设施、物品及监理机构在监理工作完成后向建设单位移交设施及剩余物品；

⑥ 建设单位及承包单位就本工程及本合同需要向监理机构提供保密要求的有关事项；

⑦ 建设单位向监理单位提供与本工程合作的原材料、构配件、机械设备生产厂家名录及与本工程有关的协作单位的名录；

⑧ 建设单位派驻或变更施工现场履行合同代表的姓名、职务、职权；

⑨ 工地会议时间、地点安排；

⑩ 索赔意向通知；

⑪ 发生不可抗力事件后，承包单位向专业监理工程师通报损失；

⑫ 在施工中发现地下障碍物、文物等，承包单位应向专业机构提交书面汇报；

⑬ 需要实施旁站监理的关键工序或关键部位施工前 24 小时，施工单位应书面通知项目监理部；

⑭ 发生紧急情况时如无法与项目监理部取得联系，项目经理应采取保证人员生命和财产安全的紧急措施，但应在事件发生 48 小时内向监理工程师提交书面报告；

⑮ 不能按时开工提出开工延期的理由和要求；

⑯ 可调价合同发生实体调价的情况时，承包单位向监理工程师发出的调整原因及金额的意向通知。

4. 结合施工图纸，填写《现场签证单》(表 2-4)

填写《现场签证单》需注意以下事项：

(1) 填写依据

1) 工程签证，指工程承发包双方在施工过程中按合同约定对支付各种费用、顺延工期、赔偿损失所达成的双方意思表示一致的补充协议。

2) 签证可以在委托代理人平台上通过签认证明的形式，高效解决施工过程中在限额范围内各种行为的涉款事件，促进了各种不同的有争议施工行为的高效协调和快速解决。

工程现场签证单

表 2-4

工程名称：××学院××校区 1 号宿舍楼

编号：001

建设单位	××学院	施工单位	××建筑工程公司
分（项）部工程	地基与基础分部	施工图号	
费用项目		时　间	
施工及安装内容	根据现场实际情况，为了避免桩基施工产生的挤土效应对周围紧邻的原有建筑造成破坏，经与建设方和监理方共同商量，采用应力释放孔的保证措施来对原有建筑物进行保护。 　　先在应力释放孔的相应位置开挖防震沟，防震沟的上口宽度为 1500mm，下口宽度为 1000mm，深度为 1000mm，长度为 46m； 　　应力释放孔的孔径为 φ350，间距为 500mm，孔深为 9m，布孔的路径长度为 45m，孔内放置毛竹笼。做法为：先用 4Φ12 钢筋绑扎钢筋笼，箍筋为 Φ12@800，在箍筋的外侧用铁丝绑扎 8 根宽为 30mm 的毛竹片（均布）形成毛竹笼，竹笼外侧再满包密目网。详见附后的应力释放孔施工方案。 　　上述项目的工程量请予签证为盼！		
结算			
备注			
建设单位：××学院 现场负责人：××× 日期：	监理单位：××监理公司 监理工程师：××× 日期：		施工单位：××建筑工程公司 现场负责人：××× 日期：

3）填写签证内容要点

① 注明何时、何地、何因；

② 工作内容、组织设计（人工、机械）；

③ 工程量（有数量和计算式必要时附图）；

④ 有无甲方供应材料。

4）签证的描述要求客观、准确，隐蔽签证要以图纸为依据，标明被隐蔽部位、项目、工艺、质量完成情况，如果被隐蔽部位工程量在图纸上不确定，还要标明几何尺寸，并附图。施工以外的现场签证，必须写明时间、地点、事由、几何尺寸和原始数据，不能笼统地签证工程量和工程造价。签证发生后应根据合同规定及时处理，审核应严格执行国家定额及相关规定。

（2）填写要点

签证原因：施工过程中发生的各种费用、顺延工期、赔偿损失等的补充协议。可作为签证原因的包括：

1）土石方

① 地下渗水：地下水位高度、挖湿土、挖淤泥、排水降水措施和边坡支护措施；

② 地下障碍物：清理地下障碍物；

③ 现场狭窄或者边坡不稳定导致无法在现场堆放足够的回填土；外运土方量及运距；

④ 基础期间因雨停工或者因甲方原因延误工期：排水降水费用按照台班签证；

⑤ 承包方参与现场三通一平：可以和建设单位协商；

2）桩基础：遇到地下障碍物，例如遇到岩石，入岩深度可以签证；

3）砌筑拆墙：砖的破损程度，砖的损耗率，二次使用拆除灰疤、出渣等工日。

4）混凝土

① 冬季施工：蒸汽养护；

② 二次结构构造柱的混凝土施工：如果使用锥形斗灌入、初凝后凿除的方案，则凿除部分的混凝土可以签证；

③ 预制混凝土构件：运距、堆载试验等。

5）为其他分包单位完成工序提供水、电、脚手架、垂直运输等的配合费。

6）成品保护。

7）其他一些不可预见因素对工程项目产生的影响，例如合同外建设单位和监理机构提出的要求等。

2.1.3 施工现场质量管理检查记录，开工申请、开工令

知识构成

1.《施工现场质量管理检查记录》

建筑工程项目部应建立质量责任制度及现场管理制度；建立健全质量管理体系；具备施工技术标准；审查资质证书、施工图、地质勘察资料和施工技术文件等。施工单位应按规定填写《施工现场质量管理检查记录》，报项目总监理工程师进行检查，并做出检查结论。

2.《开工申请、开工令》

开工令就是开工日期时，由总监理工程师签发的下达开工的书面文件。开工日期是很重要的，主要是因为它是计算工期的起点。同时，承包商也需要有一个明确的开工日期，以便从分包商、供应商及其他有关方面预先得到所需要的承诺（如订货、租用机械、提供劳力等事项），并获得业主支付的预付款。对于业主来说，则要在监理工程师发出开工通知的同时，按合同规定的施工顺序的要求，把所需的现场与通道交给承包商。

课堂活动

1. 教师引导学生找出《施工现场质量管理检查记录》、《开工申请、开工令》的相关规定。

2. 结合施工图纸，填写《施工现场质量管理检查记录》（表2-5）。

施工现场质量管理检查记录 表 2-5

开工日期：×年×月×日

工程名称	××学院××校区1号宿舍楼（全称）		施工许可证（开工证）		施××—××建号
建设单位	××学院（全称）		项目负责人		×××
设计单位	××建筑设计公司（全称）		项目负责人		×××
监理单位	××监理公司（全称）		总监理工程师		×××
施工单位	××建筑工程公司（全称）	项目负责人	×××	项目技术负责人	×××

序号	项 目	内 容
1	项目部质量管理体系	质量例会制度、三检及交接检查制度、月评比奖罚制度、质量与经济挂钩制度
2	现场质量责任制	有岗位责任制、设计交底、技术交底、挂牌制度
3	主要专业工种操作岗位证书	有测量工、钢筋工、起重工、电焊工、木工、混凝土工、瓦工、架子工等，有证书
4	分包单位管理制度	资质在承包业务范围内，总包方有管理分包单位的制度
5	图纸会审记录	有图纸会审记录
6	地质勘察资料	有工程地质勘察报告
7	施工技术标准	有模板、钢筋、混凝土浇筑、瓦工、焊接等工艺标准20多种
8	施工组织设计、施工方案编制及审批	施工组织设计编制、审核、批准责任制齐全
9	物资采购管理制度	有原材料进场检验、试验制度，有钢材、砂、石、水泥及玻璃、地面砖等管理办法
10	施工设施和机械设备管理制度	有设备进场检验、测试制度
11	计量设备配备	有计量设施精确度及控制措施
12	检测试验管理制度	有施工试验制度、抽测项目的检测计划等
13	工程质量检查验收制度	有工程质量检查验收等管理制度
自检结果： 现场质量管理制度符合要求 施工单位项目负责人：××× 　　　　　　　　　×年×月×日		检查结论： 现场质量管理制度基本完整，内容具体，有针对性和可操作性 总监理工程师：　××× 　　　　　　　×年×月×日

工程资料管理

3. 结合施工图纸，填写《开工申请、开工令》（表 2-6）

开工申请、开工令　　　　　　　　表 2-6

工程名称	××学院××校区1号宿舍楼		工程地址		××市××路××号	
建设单位	××学院		预算造价		××万元	
建筑面积	14621.6m²	结构类型	砖混	层数	地上　6　层，地下　0　层	

开工申请	开工条件具备情况	"三通一平"	已完成"三通一平"	
		图纸会审	已图纸会审	
		施工组织设计（含安全生产内容）的编制与批准	已完成施工组织设计编制与批准	
		大型基础施工方案的编制与批准	已完成方案编制和批准	
		坐标点和水准点的测引与交接	已交接完坐标点和水准点的引测	
		施工单位人员到位情况	施工单位人员已到位	
		材料进场情况	材料已按计划陆续进场	
		施工机械进场情况	施工机械已进场	
		临时设施搭设情况	临时设施搭设完成	
		其他	正常	
		项目经理：×××		
	施工单位审批意见	本工程已具备开工条件，拟于 ×年×月×日 开工，请批准。 公司（或分公司）负责人：××× （公章） ×年×月×日	建设单位审批意见	同意于 ×年×月×日 开工。 项目负责人：××× （公章） ×年×月×日
开工令	本工程已具备开工条件，请于 ×年×月×日 开工。 总监理工程师：××× （公章） ×年×月×日			

26

《开工申请、开工令》填表说明

(1) 工程开工申请、开工令,由施工单位填写,项目经理签字注明日期后,报公司负责人审批合格后加盖公章,再报建设单位项目负责人审批并加盖公章,最后报监理单位,由总监理工程师签发开工令。

(2)《开工申请、开工令》是建设单位的档案管理部门长期保管的档案资料,是监理单位档案管理部门长期保管的资料,也是城建档案馆保存的档案资料。

任务 2.2　地基与基础工程施工阶段资料编制和收集

任务描述

地基与基础工程施工阶段资料编制和收集由 4 部分组成。

1. 施工管理资料:通过本工作任务的学习,会正确收集、整理、审查地基与基础工程施工阶段相关的施工管理资料;

2. 材料合格证及试验报告;

3. 安全和功能检验报告:能正确填写地基与基础各分部工程质量验收记录、各子分部工程质量验收记录、各分项工程质量验收记录、各检验批质量验收记录;

4. 施工质量验收记录:会运用资料软件系统上机操作填写地基与基础分部工程施工阶段各施工质量验收记录及相关资料。

2.2.1　施工管理资料

知识构成

1. 会正确列出地基与基础工程施工阶段的施工管理资料。

2. 会收集技术核定单、材料代用核定记录;焊条(剂)合格证、焊工上岗证书复印件、土方开挖竣工图、基础竣工平面图等资料。

3. 掌握原土及回填土取样送样工作。

4. 会正确填写工程定位测量及复核记录、土方开挖回填验收记录、混凝土开盘鉴定记录、混凝土浇筑申请表;商品混凝土施工记录、自拌混凝土施工记录;地基钎探、验槽记录、基础结构验收记录等资料。

课堂活动

1. 展示教师收集到的已填好的地基与基础分部工程资料。包括收集技术核定单,材料代用核定记录,焊丝(条、剂)合格证,焊工上岗证复印件。

2. 对学生进行分组,对工程资料的形成、分类进行讨论、汇总。

 **工程资料管理**

3. 结合工程实例（后附图纸一区为例），让学生分组讨论地基与基础施工阶段管理资料的名称，编制《地基与基础施工阶段管理资料明细表》（表2-7），并能够独立正确地填写这些表格（表2-8～表2-23）。

地基与基础施工阶段管理资料明细表 表2-7

序号	类别	资料名称
1	报审表	地基与基础分部专项施工方案报审表（表2-8）
2		施工测量放线报审表（表2-9）
3		施工进度计划报审表（表2-10）
4	施工资料	专项方案
5		设计变更单、材料代用核定单、技术核定单
6		施工日志（表2-11）
7		技术交底记录（表2-12）
8	定位测量放线	工程定位测量及复核记录（表2-13）
9	原土及回填土	原土及回填土取样工作表（表2-14）
10		土工击实试验报告
11		回填土试验报告
12	隐蔽工程	钻孔灌注桩钢筋笼隐蔽通知单（表2-16）
13		钻孔灌注桩隐蔽工程记录验收表（表2-17）
14		隐蔽工程验收记录（表2-15～表2-17）
15	混凝土工程	混凝土浇灌申请书（表2-18）
16		混凝土开盘鉴定（表2-19）
17		混凝土施工记录（表2-20）
18	抽样检测	地基钎探记录表（表2-21）
19		地基验槽记录（表2-22）
20		结构（地基与基础、主体）工程验收报告（表2-23）

地基与基础分部专项施工方案报审表　　　　　表 2-8

工程名称：　　　××学院××校区迁建工程 1 号学生宿舍工程一区　　　编号：00×

致：　　　　　　××监理公司　　　　　　　　　（监理单位）	

我方已根据施工合同的有关规定完成了＿＿＿＿＿地基与基础分部＿＿＿＿＿工程施工组织设计（方案）的编制，并经我单位上级技术负责人审查批准，请予以审查。

附件：施工组织设计（方案）

地基与基础分部施工方案（1 份共××页）

承包单位（章）＿＿＿××建设集团有限公司＿＿＿

项目经理＿＿＿＿＿＿手签＿＿＿＿＿＿

日　　期＿＿＿×××年××月××日＿＿＿

专业监理工程师审查意见：

施工单位报审的《地基与基础分部工程施工方案》合理，可行，且审批手续齐全，拟同意施工单位按此方案施工，请总监理工程师审核。

专业监理工程师＿＿＿＿＿手签＿＿＿＿＿

日　　期＿＿＿×××年××月××日＿＿＿

审查意见：

经审核，本方案符合规范和图纸要求，同意按此方案指导本工程的地基与基础分部施工。

项目监理机构＿＿＿＿××监理有限公司＿＿＿

总监理工程师＿＿＿＿＿手签＿＿＿＿＿

日　　期＿＿＿×××年××月××日＿＿＿

注：本表各相关单位各存一份。

【相关规定及要求】

（1）根据有关要求，项目监理机构审批的施工组织设计（方案）须在实施前报项目监理机构审核、签认。

（2）承包单位按施工合同规定时间向项目监理机构报送自审手续完备的施工组织设计（方案），总监理工程师在合同规定时间内完成审核工作。

（3）施工组织设计（方案）审核应在项目实施前完成，施工组织设计（方案）未经项目监理机构审核、签认，该项工程不得施工。总监理工程师对施工组织设计（方案）的审查、签认，不解除承包单位的责任。

（4）施工组织设计（方案）的分类及内容：施工组织设计（方案）根据工程实际可分为施工组织总设计，单位工程施工组织设计及施工方案。

（5）施工方案分类为：重点部位、关键工序或技术复杂的分部分项工程施工方案；采用新材料、新工艺、新技术、新设备的施工方案等。施工方案的内容一般包括：施工程序和顺序；施工起点流向；主要分部分项工程的施工方案和施工机械选择；技术、质量保证措施等内容。

（6）《危险性较大的分部分项工程安全管理办法》中规定：超过一定规模的危险性较大的分部分项工程专项方案应当由施工单位组织召开专家论证会。实行施工总承包的，由施工总承包单位组织召开专家论证会。

地基与基础分部危险性较大的分部分项工程范围：基坑支护、降水工程：开挖深度超过3m（含3m）或虽未超过3m但地质条件和周边环境复杂的基坑（槽）支护、降水工程。

土方开挖工程：开挖深度超过3m（含3m）的基坑（槽）的土方开挖工程。

施工测量放线报审表　　　　　　表 2-9

工程名称：××学院××校区迁建工程1号学生宿舍工程一区　　编号：00×

致：　　　××监理公司　　　　（监理单位）
根据合同约定，我方已完成（部位）　地基与基础分部　，（内容）　基槽开挖　的测量放线，经自检合格，请予查验。
附件：☑放线的依据材料　　×　页 ☑放线成果表　　　×　页
测量员（签字）：手签　岗位证书号：××××　承包单位（章）：××建设工程公司 验收人（签字）：手签　岗位证书号：×××　日　期：×××年××月××日
查验结果： 经查验： 1. 放线的依据材料合格有效。 2. 放线结构符合施工图设计尺寸，达到《工程测量规范》GB 50026—2007 精度要求。 查验结论：☑合格。　☐纠错后重报。 　专业监理工程师　　手签 　日　　期　×××年××月××日

注：本表各相关单位各存一份。

【相关规定及要求】

（1）施工单位应将红线桩校核成果、水准点的引测结果填写《施工测量放线报验表》并附《工程定位测量记录》报项目监理部。

（2）施工单位在施工场地设置平面坐标控制网（或控制导线）与高程控制网后，应填写《施工测量放线报验表》报项目监理部，由监理工程师签认。

（3）对施工轴线控制桩的位置，各楼层墙柱轴线、边线、门窗洞口位置线、水平控制线、轴线竖向投测控制线等放线结果应填写《施工测量放线报验表》并附《楼层放线记录》报项目监理部签认。

（4）《沉降观测记录》也应采用《施工测量放线报验表》报验。

施工进度计划报审表   表 2-10

工程名称： ××学院××校区迁建工程 1 号学生宿舍工程一区   编号：×××

致： ××监理公司 （监理单位）
现报上 1 号学生宿舍工程一区 ___×月___ 工程施工进度计划，请予以审查和批准。 附件： ☑施工进度计划（说明、图表、工程量、工和量、资源配备） ___×___ 份   承包单位（章） ___××建设集团有限公司___ 项目经理 ___手签___ 日 期 ___×××年××月××日___
审查意见：   经审查，施工进度计划编制有可行性和合理性，与工程实际情况相符，符合合同工期及总控计划要求，同意按此计划组织施工。 审查结论： ☑同意   □修改后重报 □重新编制   项目监理机构 ___××监理有限公司___ 总/专业监理工程师 ___手签___ 日 期 ___×××年××月××日___

注：本表各相关单位各存一份。

施 工 日 志　　　　　　　　　表 2-11

施工日志 表 C1-2			编　号	×××
	天气状况	风力	最高/最低温度	备注
白天	晴	2~3级	××/××	
夜间	晴	1~2级	××/××	

生产情况记录：（施工部位、施工内容、机械作业、班组工作，生产存在问题等）

夯扩桩

1. Ⅰ段（①~⑨轴）灌注桩桩身钢筋笼绑扎，各工种埋件固定，塔吊作业×型号、钢筋班组 15 人。

2. Ⅱ段（⑨~⑰轴）灌注桩桩身钢筋笼吊装，塔吊作业（××型号），钢筋班组 12 人。

3. Ⅲ段（⑰~㉖轴）因设计单位提出对该部位施工图纸进行修改，待设计变更通知单下发后，再组织有关人员施工。

4. 发现问题：Ⅱ段（⑨~⑰轴）灌注桩桩身钢筋笼吊装时，钢筋保护层厚度、搭接长度不够，存在绑扎随意现象。

技术质量安全工作记录：（技术质量安全活动，检查评定验收、技术质量安全问题等）

1. 建设、设计、监理、施工单位在现场召开技术质量安全工作会议。详见《会议纪要》，按要求立即返修并整改复查，必须符合设计、规范要求。

2. 安全生产方面：由安全员带领×人巡视检查，重点是"三宝、四口、五临边"，检查全面到位，无安全隐患。

3. 检查评定验收：Ⅰ段（①~⑲轴）灌注桩桩身钢筋笼绑扎予以验收，工程主控项目合格、一般项目符合施工质量验收规范要求。（详见检验批验收记录）

参加验收人员

监理单位：×××、×××（职务）等。
施工单位：×××、×××，×××（职务）等。

记录人		手签		日　期	×××年××月××日

注：本表由施工单位填写并保存。

【相关规定及要求】

（1）施工日志是以施工活动为原始记录，是编制施工文件、积累资料、总结施工经验的重要依据，由项目技术负责人具体负责。

（2）施工日志应以单位工程为记载对象，从工程开工起至工程竣工止，按专业指定专人负责逐日记载，并保证内容真实、连续和完整。

（3）施工日志可采用计算机录入、打印，也可按规定式样（印制的施工日志）用手工填写方式记录，并装订成册，但必须保证字迹清楚、内容齐全。施工日志填写须及时、准确、具体，不潦草，不能随意撕毁，妥善保管，不得丢失。

（4）当对工程资料进行核查或工程出现某些问题时，往往需要检查施工日志中的记录，以了解当时的施工情况。借助对某些施工资料中作业时间、作业条件、材料进场、试块养护等方面的横向检查对比，能够有效地核查资料的真实性与可靠性。

技术交底记录　　　　　　　　　　表 2-12

×××年××月××日

工程名称	××学院××校区迁建工程 1 号学生宿舍工程一区	分部工程	地基与基础分部
分项工程名称	长螺旋钻孔压灌桩基础		

交底内容：

1. 适用范围
2. 材料及主要机具
3. 作业条件
4. 工艺流程
5. 质量标准
6. 成品保护
7. 注意问题
8. 质量记录

项目（专业）技术负责人	手签	交底人	手签	接受人	手签

【相关规定及要求】

施工技术交底是指工程施工前由主持编制该工程技术文件的人员向实施工程的人员说明工程在技术上、作业上要注意和明确的问题，是施工企业一项重要的技术管理制度。交底的目的是为了使操作人员和管理人员了解工程的概况、特点、设计意图、采用的施工方法和技术措施等。施工技术交底一般都是在有形物（如文字、影像、示范、样板等）的条件下向工程实施人员交流如何实施工程的信息，以达到工程实施结果符合文字要求或影像、示范、样板的效果。

（1）交底内容及形式

1）交底内容

不同的施工阶段、不同的工程特性都必须保持实施工程的管理人员和操作人员始终都了解交底者的意图。

2）交底形式

施工技术交底可以用会议口头沟通形式或示范、样板等作业形式，也可以用文字、图像表达形式，但都要形成记录并归档。

（2）技术交底的实施

技术交底制度是保证交底工作正常进行的项目技术管理的重要内容之一。项目经理部应在技术负责人的主持下建立适应本工程正常履行与实施的施工技术交底制度。技术交底实施的主要内容：

1）技术交底的责任：明确项目技术负责人、专业工长、管理人员、操作人员等的责任。

2）技术交底的展开：应分层次展开，直至交底到施工操作人员。交底必须在作业前进行，并有书面交底资料。

3）技术交底前的准备：有书面的技术交底资料或示范、样板演示的准备。

4）安全技术交底：施工作业安全、施工设施（设备）安全、施工现场（通行、停留）安全、消防安全、作业环境专项安全及其他意外情况下的安全技术交底。

5）技术交底的记录：作为履行职责的凭据，技术交底记录的表格应有统一的标准格式，交底人员应认真填写表格并在表格上签字，接受交底人也应在交底记录上签字。

6）交底责任的界定：重要的技术交底应在开工前界定。交底内容编制后应由项目技术负责人批准，交底时技术负责人应到位。

工程定位测量及复核记录见表2-13。

工程定位测量及复核记录

表 2-13

工程名称	××学院××校区迁建工程1号学生宿舍工程一区		定位依据	市测绘院×××普测×××号
使用仪器	×××（出厂编号×××） ×××（出厂编号×××）		控制方法	$i<1/10000$；$h\leqslant\pm6\sqrt{n}$ mm
工程草图：				
施工单位主测者：　　　　　　　手签			监理（建设）单位复核人：　　　　　　手签	
（章） ×××年××月××日			（章） ×××年××月××日	

【相关规定及要求】

工程定位测量主要包括测设建筑物位置线、现场标准水准点、坐标点（包括场地控制网或建筑物控制网、标准轴线桩等）。测绘部门根据《建设工程规划许可证》（含附件、附图）批准的建筑工程位置及标高依据，测定出建筑物红线桩。

（1）建筑物位置线

施工测量单位应根据测绘部门提供的放线成果、红线桩及场地控制网（或建筑物控制网）测定建筑物位置、主控轴线及尺寸，做出平面控制网并绘制成图。

（2）标准水准点

标准水准点由规划部门提供，用来作为引入拟建建筑物标高的水准点，一般为 2～3 点，在使用前必须进行校核，测定建筑物±0.000 绝对高程。

（3）建筑物施工放样的主要技术要求（《工程测量规范》GB 50026—2007 第 7.3.5 条）。

原土及回填土取样工作表　　　　　　　　　　　　　表 2-14

工程名称	××学院××校区迁建工程 1 号学生宿舍工程一区	取样标高	−1.600m

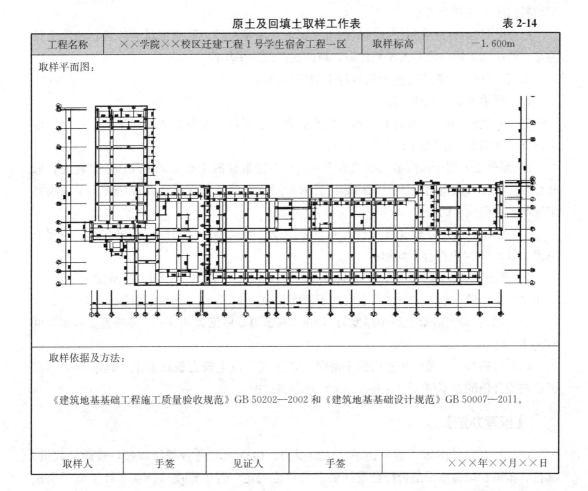

取样平面图：

取样依据及方法：

《建筑地基基础工程施工质量验收规范》GB 50202—2002 和《建筑地基基础设计规范》GB 50007—2011。

取样人		手签		见证人		手签		×××年××月××日

【相关规定及要求】

回填土一般包括柱基、基槽管沟、基坑、填方、场地平整、排水沟、地（路）面基层和地基局部处理回填的素土、灰土、砂和砂石。

（1）回填土试验取样数量

1）依据《建筑地基基础工程施工质量验收规范》GB 50202—2002 和《建筑地基基础设计规范》GB 50007—2011：取样在压实填土的过程中，应分层取样检验土的干密度和含水量。每 $50\sim100m^2$ 面积内应有一个检验点，根据检验结果求得压实系数（环刀法）。

2）对灰土地基、砂和砂石地基、粉煤灰地基及土方回填工程，应按设计要求和规范规定，分层填筑，夯压密实，现场分层取样，实测试样的密度、含水率，据此计算压实系数。灰土地基、砂和砂石地基、粉煤灰地基的取样数量，每单位工程不应少于 3 点；

1000m² 以上工程，每 100m² 至少应有 1 点；3000m² 以上工程，每 300m² 至少应有 1 点。每一独立基础下至少应有 1 点，基槽每 20 延米应有 1 点。土方回填的取样数量应按协议规定，协议未规定的也可按上述规定执行。

3）设计未提出控制干密度指标的工程，在施工前应对填料做击实试验（黏性土）或砂的相对密度试验（回填砂）确定其最大干密度 $\rho_{d,max}$，再根据设计压实系数，分别计算出填料的施工控制干密度。

4）环刀法取样应在每层压实后的下半部，含水率及环刀法密度试验应进行两次平行测定，两次测定的差值不大于规定时，取两次测值的平均值。

5）压实度试验报告应附分层取样平面示意图。

（2）回填土试验取样方法

1）环刀法：每段每层进行检验，应在夯实层下半部（至每层表面以下 2/3 处）用环刀取样。此试验方法适用于黏性土。

2）灌砂法：用于级配砂再回填或不宜用环刀法取样的土质。采用灌砂法取样时，取样数量可较环刀法适当减少，取样部位应为每层压实的全部深度。此方法适用于现场测定原状砂和砾质土的密度。

（3）素土、灰土、砂或级配砂石回填应按设计要求办理，当设计无要求时，控制干密度 ρ_d(g/cm³) 应符合下列标准：

1）素土：一般应≥1.65，黏土可降低 10%；灰土：粉土≥1.55，粉质黏土≥1.50，黏土≥1.45；砂不小于在中密状态时的干密度，中砂 1.55~1.60；级配砂石 2.1~2.2。

2）步数：夯实后素土每步厚度为 15cm；灰土每步厚度为 200cm；冬季施工夯实厚度宜为 1~15cm。

（4）合格判定：填土压实后的干密度，应有 90% 以上符合设计要求，其余 10% 的最低值与设计值的差不得大于 0.08g/cm³，且不得集中。

【核查办法】

（1）核查设计图纸、施工记录、试验报告、检查回填是否按层取样，检验的数量、部位、范围和试验结果是否符合设计要求及规范规定。若干密度（压实系数）低于质量标准时，是否有补夯措施和重新进行测定或其他技术鉴定和设计签证确认。

（2）核查试验报告中的内容是否完整，计算数据是否正确，签章是否齐全，是否按要求实施见证。

（3）核查设计未提出控制干密度指标的工程是否通过试验确定施工控制干密度。

【土工击实报告、回填土试验报告相关规定及要求】

重要的、大型的或设计有要求的填方工程，在施工以前应对填料作击实试验，求出填料的干土质量密度即含水量关系图线，并确定其最优含水量、最大干密度，并根据设计压实系数，计算出控制指标（控制干密度）。对于一般的小型工程又无击实试验条件的单位，控制干密度可按施工规范计算。由试验单位出具《土工击实试验报告》及《回填土试验报告》。

隐蔽工程验收记录   表 2-15

验收日期： ×××年××月××日   第××页

工 程 名 称						依 据 图 纸
××学院××校区迁建工程1号学生宿舍工程一区						结施 16G-6/23
	检验批名称	部位（轴线、标高、桩号）(mm)	截面尺寸（mm）	规格	主筋连接方式	简图说明（如无变更可标竣工图号）
隐蔽工程验收内容	混凝土灌注（钢筋笼）工程	120	400	10	焊接	结施 16G-6/23
	混凝土灌注（钢筋笼）工程	121	400	10	焊接	
	混凝土灌注（钢筋笼）工程	122	400	10	焊接	
	混凝土灌注（钢筋笼）工程	123	400	10	焊接	
	混凝土灌注（钢筋笼）工程	124	400	10	焊接	
	混凝土灌注（钢筋笼）工程	125	400	10	焊接	
验收意见	经审核，长螺旋钻孔压灌桩符合设计及施工规范的要求，同意进行下道工序		自检意见	合格		
监理（建设）单位验收人	手签（章）	施工单位专职质量检查员	手签（章）	单位工程项目技术负责人		手签（章）

钻孔灌注桩钢筋笼隐蔽通知单   表 2-16

编码：   ××

工程名称：××学院××校区迁建工程1号学生宿舍工程一区   施工单位：   ××建设工程公司

桩号	121	机号	5	桩径（mm）	400	设计桩长（mm）	5000
实际桩长（mm）	5300	主筋	Φ10	加强筋	Φ12	箍筋	Φ6

批号：

	节段 \ 项目	焊接形式	焊接质量	焊缝长度	检查结果				
钢筋笼焊接验收	1—2节吊笼	电弧焊	良好		合格				
	2—3节吊笼	电弧焊	良好		合格				
安装定位	项目	允许偏差（mm）	检查记录或实测值						
	钢筋笼安装深度	±100	90	30	−20	15	−80	30	0	40	20	10
	保护层厚度	±10	−5	0	3	2	0	5	2	0	8	3

质检员： 手签	监理工程师意见：
承包单位施工负责人： 手签	符合设计及施工规范的要求，同意进行下道工序
总包单位： ××建设工程公司	签字： 手签
合格	
×××年××月××日	×××年××月××日

钻孔灌注桩隐蔽工程验收记录表
表 2-17

编码：

工程名称：××学院××校区迁建工程1号学生宿舍工程一区　　施工单位：　　　　　××建设工程公司
桩号：　　　　　　121　　　　　　地面标高（m）：　　　　　　　　　−0.450

设计桩径（mm）		400	设计桩长（m）			5
钻头直径（mm）		200	终孔孔深（m）			6
入岩厚度（m）		/	桩孔倾斜度（<1%）			0.02
沉渣厚度（cm）		/	设计桩顶标高（m）			−1.500
混凝土强度等级		C30	比重	/	黏度 /	含砂率 /
坍落度（mm）		160	实灌混凝土面标高（m）			−1.2
理论混凝土方量（m³）			实灌混凝土方量（m³）		充盈系数	
钢筋笼	主控项目	主筋间距	7根@10	长度		5m
	一般项目	钢筋材质检验	主筋		HPB335	
			箍筋	Φ6	加劲筋	Φ12@2000
		箍筋间距	检查项目共10点，合格10点，合格率100%			
		直径	检查项目共10点，合格10点，合格率100%			
	各节点焊接情况	良好	设计笼顶标高（m）			−1.500
	吊筋长度	/	实际笼顶标高（m）	−1.5	钢筋笼安装深度	5m

质检员：　　　　　　　手签	监理工程师意见：
承包单位施工负责人：　　　　手签	符合设计及施工规范的要求，同意进行下道工序
总包单位：　　××建设工程公司	
合格	签字：　　　　　　手签
×××年××月××日	×××年××月××日

混凝土浇灌申请书　　　　　　　　　　　　　　表 2-18

混凝土浇灌申请书		编号	×××
工程名称	××学院××校区迁建工程 1 号学生宿舍工程一区	申请浇灌日期	×××年××月××日××时
申请浇灌部位	±0.000 以下基础梁	申请方量（m³）	×××
技术要求	坍落度 180mm，初凝时间 2h	强度等级	C30
搅拌方式（搅拌站名称）	×××混凝土公司	申请人	×××
依据：施工图纸（施工图纸号＿＿＿＿＿＿16G-6/23＿＿＿＿＿＿）、 设计变更/洽商（编号＿＿＿＿＿＿／＿＿＿＿＿＿）和有关规范、规程。			
施工准备检查		专业工长（质量员）签字	备注
1. 隐检情况：　√　　完成隐检		×××	
2. 预检情况：　√　　完成预检		×××	
3. 水电预埋情况：　√　　完成并经检查		√	
4. 施工组织情况：　√　　完备		×××	
5. 机械设备准备情况：　√　　准备		×××	
6. 保温及有关准备：　√　　准备		×××	
审批意见： 1. 原材料、机械设备及施工人员已经就位。 2. 施工方案及技术交底已经落实。 3. 计量设备已经准备完毕。 4. 各种隐蔽预检工作已经完成。 审批结论：　　同意浇筑 审批人：　　手签　　　　　　　　　　审批日期：　　×××年××月××日 施工单位名称：　　　　　　　　　××建设工程公司			

注：1. 本表由施工单位填写并保存，并交给监理一份备案；
　　2. "技术要求" 栏应依据混凝土合同的具体要求填写。

【相关规定及要求】

（1）正式浇筑混凝土前，施工单位应检查各项准备工作（如钢筋、模板工程检查；水电预埋检查；材料、设备及其他准备等），自检合格填写《混凝土浇灌申请书》，报请监理单位（施工单位项目技术负责人）检查许可后可浇筑混凝土。

（2）混凝土浇灌申请书主要内容

1）工程名称、浇灌部位及时间；

2）混凝土强度等级、配合比；

3）准备工作情况；

4）批准意见、批准人。

混凝土开盘鉴定   表 2-19

鉴定编号：			×××		鉴定日期：		×××年××月××日	
工程名称		××学院××校区迁建工程1号学生宿舍工程一区			工程部位		±0.000以下基础梁	
施工单位		××建设工程公司			搅拌设备		×××混凝土公司	
强度等级		C30			搅拌负责人		×××	
配合比编号		×××			试配单位		×××中心试验室	
水胶比		0.56			砂率		42%	
材料名称	水泥	砂	石	水	外加剂	掺合料		
试验室配合比（kg/盘）	323	773	1053	180	8.7	91		
施工配合比（kg/盘）	砂含水率：	5.4		%	石子含水率：	0.2		%
	162	407	528	68	44	46		
鉴定结果	鉴定项目	混凝土拌合物坍落度		混凝土试块抗压强度 $f_{cu,28}$（MPa）		原材料与申请单是否相符		
	设计	160～180mm		45.6		相符		
	实测	170mm						
	鉴定意见	合格						
备注	在混凝土配合比中，组成材料与现场说用材料相符合，混凝土拌合物性能满足要求。 同意C30混凝土开盘鉴定结果，鉴定合格							

施工单位：（章）
 	
    合格
 	
项目技术负责人：   手签
项目专业工长：   手签
项目专业质量检查员：   手签
			建设（监理）单位：（章）
			
			    同意进行下一道工序
			
			项目专业监理工程师： 手签
			项目总监理工程师： 手签					

			×××年××月××日		×××年××月××日			

【相关规定及要求】

（1）用于承重结构及抗渗防水工程使用的混凝土，开盘鉴定是指第一次使用的配合比，第一盘搅拌时的鉴定。

（2）采用预拌混凝土的，在混凝土出厂前由混凝土供应单位自行组织有关人员进行开盘鉴定。

（3）现场搅拌混凝土的，由施工单位组织建设（监理）单位、搅拌机组、混凝土试配单位进行开盘鉴定工作，共同认定试验室签发的混凝土配合比确定的组成材料是否与现场施工所用材料相符，及混凝土拌合物性能是否满足设计要求和施工需要。如果混凝土和易性不好，可以在保持水胶比不变的前提下，适当调整砂率、水及水泥量，至和易性良好为止。开始生产时应至少留置一组标准养护试件，作为验证配合比的依据。

（4）参加人员为：建设单位的项目技术负责人、监理单位的监理工程师、施工单位的项目技术负责人、混凝土搅拌单位的质检部门代表。开盘鉴定最后结果应由参加鉴定人员代表单位签字。

（5）开盘鉴定时的主要内容

1）施工单位；

2）工程名称及部位；

3）强度等级、要求、坍落度；

4）配合比编号、试配单位、水胶比、砂率；

5）原材料、配合比；

6）计量和搅拌、拌合物坍落度；

7）鉴定结果、试块抗压强度；

8）参加开盘鉴定各单位代表签字或盖章。

混凝土施工记录 　　　　　　　　　　　　　　　　表 2-20

		气温气候	××	
×××年××月××日				
工程名称	××学院××校区迁建工程 1 号学生宿舍工程一区	混凝土设计强度	C30	
浇筑部位	±0.000 以下基础梁	混凝土数量（m³）	当班完成量：××	
开盘时间	×××年××月××日××时××分	结束时间	×××年××月××日××时××分	
计量设备	×××	混凝土养护方法	自然养护	
搅拌机械	×××	振捣机械	×××	
搅拌时间	120s	运输机具	商品混凝土运输车	
设计混凝土坍落度：	180mm	拆模时间	×××年××月××日××时××分	
现场实测混凝土坍落度：第一次 175 mm，第二次 182 mm，第三次 180 mm				

混凝土配合比（kg/m³）	材料名称	水泥	砂	石子	水	外加剂
	规格产地	×××	×××	×××	×××	×××
	试验配合比	323	773	1053	180	8.7
	施工配合比	324	814	1052	136	14.4

混凝土试块留置时间：

　　试块留置时间同浇筑混凝土时间，共留置 6 组，其中 3 组标养，3 组同条件

施工缝、后浇带的位置及处理方法：

记录人： 　　　　　　　　　　　　　　　　手签

【相关规定及要求】

（1）混凝土施工记录是指不论混凝土浇筑工程量大小，对环境条件、混凝土配合比、浇筑部位、坍落度、试块留置、浇筑顺序和方法、对施工缝的处理和其他突发事件处理情况等进行全面真实记录。

（2）混凝土施工时进行混凝土施工记录；进行大体积混凝土施工和冬季混凝土施工时，还必须进行混凝土养护测温记录，浇筑大体积混凝土必须考虑水化热对混凝土材料内部结构的影响，施工中采取措施考虑水化热的影响。

（3）混凝土的运输、浇筑、振捣、养护必须符合质量验收规范要求。

（4）凡是进行混凝土施工，不论工程量大小均必须按实际情况填报混凝土施工记录。

（5）混凝土浇筑过程中如果有异常情况发生，要在备注中加以记录说明。

地基钎探记录表 表 2-21

工程名称	××学院××校区迁建工程 1号学生宿舍工程一区		施工单位	××建设工程公司	(章)
钎探部位	基槽	标高	±0.000 以下	槽底标高	−1.6 (m)
锤重	10 (kg)	锤击高度	0.5 (m)	钎直径	25 (mm)
每步打入深度	30 (cm)		钎探日期	×××年××月××日	

序号	钎探步数					备注
	第一步	第二步	第三步	第四步	第五步	
1	0~30	30~60	60~90	90~120	120~150	
2	14	39	72	85	25	
3	14	14	78	57	28	
4	18	48	87	29	16	
5						
6						
7						
8						
9						
10						
11						
12						
13						

钎探人	手签	记录人	手签
施工单位项目经理	手签	监理工程师 (建设单位项目负责人)	手签

报出日期: ××年××月××日

【相关规定及要求】

(1) 钎探记录用于检验浅层土(如基槽)的均匀性,确定地基的容许承载力及检验填土的质量。

钎探前应绘制钎探点平面布置图(应与实际基槽(坑)一致),确定钎探点布置及顺序编号,标出方向及控制轴线。按照钎探图及有关规定进行钎探并记录。钎探中如发现异常情况,应在地基钎探记录表的备注栏注明。需地基处理时,应将处理范围(平面、竖面)标注在钎探点平面布置图上,并应注明处理依据。形式、方法(或方案)以洽商记录下来,处理过程及取样报告等一同汇总进入档案。

(2) 以下情况可停止钎探:

1) 若贯入 30cm 的锤击数超过 100 或贯入 10cm 的锤击数超过 50,可停止贯入。

2) 如基坑不深处有承压水层,钎探可造成冒水涌砂,持力层为砾石层或卵石层,且厚度符合设计要求时,可不进行钎探。如需对下卧层继续做试验,可用钻具钻穿坚实土层后再做试验。

3）专业工长负责钎探的实施，并做好原始记录。钎探日期要根据现场情况填写，各步锤击数为 7 步。

（3）钎探点的布置依据设计规定，当设计无规定时，应按规范执行。

【填写要点】

（1）专业工长负责钎探的实施，并做好原始记录。钎探记录表中施工单位、工程名称要写具体，锤重、自由落距、钎径、钎探日期要依据现场情况填写，工长、质检员、打钎负责人的签字要齐全。钎探中若有异常情况，要写在备注栏内。

（2）钎探记录表应附有原始记录表，污染严重的可重新抄写，但原始记录仍要原样保存好，附在新件之后。

地基验槽记录　　　　　　　　　　　　　　表 2-22

工程名称	××学院××校区迁建工程 1 号学生宿舍	基础类型	按设计图纸填写
建设单位	××学院	施工单位	××建设工程公司
施工起止日期	实际施工至完成的日期	验收日期	五方验收时间
验收情况	1. 按设计图纸开挖至设计标高 2. 基坑土质和宽度、深度、长度符合设计要求 3. 轴线、标高符合设计要求 4. 坑内松土、杂物已清理干净 5. 资料完整，符合要求 必须附图：基槽概貌图标注尺寸和底标高		
施工单位自评意见： 　　资料完整，施工质量符合设计和施工规范要求 项目经理： 　　　　　　　　　　　（公章） 　　　　　　　　××年××月××日		建设或监理单位验收意见： 　　符合设计和施工规范要求 项目负责人 或项目总监理工程师： 　　　　　　　　　　　（公章） 　　　　　　　　××年××月××日	
设计单位验收意见： 　　符合设计要求 项目设计负责人： 　　　　　　　　　　　（公章） 　　　　　　　　××年××月××日		勘察单位验收意见： 　　地质条件与勘察报告相符 项目勘察负责人： 　　　　　　　　　　　（公章） 　　　　　　　　××年××月××日	

注：1. 基槽完成后，建设或监理单位应组织有关单位进行质量验收，并按规定的内容填写和签署意见，工程建设参与各方按规定承担相应质量责任。
　　2. 按规定的内容填写和签署意见后，送 1 份至工程质量监督站备案。

【相关规定及要求】

基槽开挖后，由建设单位组织，设计单位、监理单位、地质勘测单位、施工单位、质量监督单位共同参加验槽，并填写地基验槽记录。

（1）根据槽壁土层分布情况及走向，初步判定全部基底土是否满足设计要求。

（2）检查槽底土层是否已经挖至地质勘察报告要求的土层，是否需要继续下挖或进行处理。

（3）检查整个基底土的颜色是否均匀一致，结合土壤钎探记录，观察并分析土的坚硬程度是否一样，是否有局部过硬或过软的部位，是否有局部含水量异常的情况，走上去是否有颤动的感觉等。如有异常部位，要会同设计等有关单位进行处理。

（4）检查基底标高和平面尺寸是否符合设计要求。

结构（地基与基础、主体）工程验收报告 　　表 2-23

监督号：　　　　　　　　　　×××

建设单位及工程名称	××学院××校区迁建工程1号学生宿舍工程一区				
施工单位名称	××建设工程公司				
结构类型	砖混	层数	6层	建筑面积（m²）或规模	14621.6
施工起始日期	××年××月××日		验收日期	××年××月××日	
验收方案	1. 工程质量控制资料核查。 2. 工程安全和功能检验质量核查。 3. 工程观感质量核查				
验收内容	1. 技术资料：经检查，技术资料齐全，符合设计要求。 2. 实测实量：对构件的截面尺寸、标高进行了实测10点，均符合要求。 3. 外部观感：混凝土构件没有蜂窝、麻面、露筋等现象，满足要求				
施工单位验收意见：　　合格 技术负责人：　　手签　　（公章） ××年××月××日			监理单位验收意见：　　　　合格 项目总监理工程师：　　手签　　（公章） ××年××月××日		
设计单位验收意见：　　合格 技术负责人：　　手签　　（公章） ××年××月××日			建设单位验收结果：　　合格 项目负责人：　　手签　　（公章） ××年××月××日		

勘察单位验收意见：　　　　　合格 技术负责人：　　　　手签　　　　(公章) 　　　　　　　×× 年 ×× 月 ×× 日	报告日期：　　　　　　　　×× 年 ×× 月 ×× 日 接收日期：　　　　　　　　×× 年 ×× 月 ×× 日 接收人：　　　　　手签

2.2.2　材料合格证及试验报告

知识构成

1. 工程物资资料

施工物资资料是反映工程所用物资质量和性能指标等的各种证明文件和相关配套文件（如使用说明书、安装维修文件等）的统称。一般规定：工程物资主要包括建筑材料、成品、半成品、构配件、设备等，建筑工程所使用的工程物资均应有出厂质量证明文件（包括产品合格证、质量合格证、检验报告、试验报告、产品生产许可证和质量保证书等）。

(1) 建筑工程采用的主要材料、半成品、成品、构配件、器具、设备应进行现场验收，有进场检验记录；涉及安全、功能的有关物资应按工程施工质量验收规范及相关规定进行复试（试验单位应向委托单位提供电子版试验数据）或有见证取样送检，有相应试（检）验报告。

(2) 涉及结构安全和使用功能的材料需要代换且改变了设计要求时，应有设计单位签署的认可文件。

(3) 涉及安全、卫生、环保的物资应有相应资质等级检测单位的检测报告，如压力容器、消防设备、生活供水设备、卫生洁具等。

(4) 凡使用的新材料、新产品，应由具备鉴定资格的单位或部门出具鉴定证书时具有产品质量标准和试验要求，使用前应按其质量标准和试验要求进行试验或检验。新材料、新产品还应提供安装、维修、使用和工艺标准等相关技术文件。

(5) 进口材料和设备等应有商检证明（国家认证委员会公布的强制性认证［CCC］产品除外）、中文版的质量证明文件、性能检测报告以及中文版的安装、维修、使用、试验要求等技术文件。

(6) 建筑电气产品中被列入《第一批实施强制性产品认证的产品目录》（2001 年第 33 号公告）的，必须经过"中国国家认证认可监督管理委员会"认证，认证标志为"中国强制认证（CCC）"，并在认证有效期内，符合认证要求方可使用。

(7) 施工物资资料应实行分级管理。供应单位或加工单位负责收集、整理和保存所供物资原材料的质量证明文件，施工单位则需收集、整理和保存所供物资原材料的质量证明文件和进场后进行的试（检）验报告。各单位应对各自范围内工程资料的汇集、整理结果负责，并保证工程资料的可追溯性。

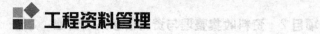

2. 工程材料、构配件、设备报审表

工程材料、构配件、设备报审表	表 2-24

工程名称：××学院××校区迁建工程1号学生宿舍工程一区　　　　　　　　　　编号：×××

致：　　　　　××监理公司　　　　　（监理单位）

我方于　　　　　××年××月××日　　　　进场的工程材料/构配件/设备数量如下（见附件）。现将质量证明文件及自检结果报上，拟用于下述部位：

请予以审查。

　　　　附件：1. 数量清单。
　　　　　　　2. 质量证明文件。
　　　　　　　3. 自检结果。

1. 数量清单：见后附表；2. 质量证明文件：×页；3. 自检结果：合格

承包单位（章）：××建设工程公司
项 目 经 理：　　手　签
日　　　　期：××年××月××日

审查意见：

经检查上述工程材料，符合设计文件和规范的要求，准许进场，同意使用于拟定部位

项 目 监 理 机 构：××监理公司
总/专业监理工程师：　　手　签
日　　　　期：××年××月××日

注：本表各相关单位各存一份。

3. 材料、构配件进场记录（表 2-25）

材料、构配件进场检验记录　　　　　　　　　　　　　　　　表 2-25

材料、构配件进场检验记录					编号		×××
工程名称	××学院××校区迁建工程 1 号学生宿舍工程一区				检验日期		××年××月××日
序号	名称	规格型号	进场数量	生产厂家 合格证号	检验项目	检验结果	备注
1	钢筋	φ6	×t	×××	×××	合格	详见复试报告×××
2	钢筋	φ10	×t	×××	×××	合格	详见复试报告×××
3	钢筋	φ12	×t	×××	×××	合格	详见复试报告×××

检验结论：

所进材料资料齐全，有效，复试合格，同意验收

签字栏	建设（监理）单位	施工单位	××建设工程公司	
		专业质检员	专业工长	检测员
		手签	手签	手签
	手签			

本表由施工单位填写并保存。

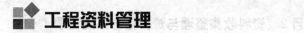

4. 工程物资进场报验表（表 2-26）

工程物资进场报验表

表 2-26

工程物资进场报验表		编号	×××
工程名称	××学院××校区迁建工程1号学生宿舍工程一区	日期	×××年××月××日

现报上关于 _____地基与基础分部_____ 工程的物资
进场检验记录，该批物资经我方检验符合设计、规范及合约要求，请予以批准使用。

物资名称	主要规格	单位	数量	选样报审表编号	使用部位
钢筋	φ8，φ10，φ12	t	×××	×××	桩基
水泥	P.O42.5	t	×××	×××	桩基

附件：　　　　　　名称　　　　　　页数　　　　　　　　　　编号
1.　　√　出厂合格证　　　____×____页
2.　　√　厂家质量检验报告　____×____页
3.　　√　厂家质量保证书　　____×____页
4.　　　　商检证　　　　　____/____页
5.　　　　进场检验记录　　____/____页
6.　　√　进场复试报告　　____×____页
7.　　　　备案情况　　　　____/____页
8.　　　　　　　　　　　　_____页
申报单位名称：　　××建设工程公司　　　申报人（签字）：　　　　手签

施工单位检验意见：

　　现报上的工程材料的质量证明文件齐全，复试合格，请审批。

施工单位名称：××建设工程公司　　技术负责人（签字）：　手签　审核日期：　××年××月××日

验收意见：

　　所报附件材料真实、齐全、有效

审定结论：同意验收
监理单位名称：　　××监理公司　　监理工程师（签字）：　手签　　验收日期：　××年××月××日

注：本表由施工单位填报，建设单位、监理单位、施工单位各存一份。

【相关规定及要求】

（1）工程物资进场后，施工单位应进行检查（外观、数量及质量证明文件等），自检合格后填写《工程物资进场报验表》，报请监理单位验收，监理工程师签署审查结论。

（2）施工单位和监理单位应约定涉及结构安全、使用功能、建筑外观、环保要求的主要物资的进场报验范围和要求。

（3）物资进场报验须附资料，应根据具体情况（合同、规范、施工方案等要求）由施工单位和物资供应单位预先协商确定，应附出厂合格证、商检证、进场复试报告等相关资料。

（4）工程物资进场报验应有时限要求，施工单位和监理单位均须按照施工合同的约定完成各自的报送和审批工作。

（5）当工程采用总承包的，分包单位的进场物资必须先报送与其签约的施工单位审核通过后，再报送建设（监理）单位审批。

（6）对未经监理人员验收或验收不合格的工程材料、构配件、设备，监理人员应拒绝签认，并应签发《监理通知》，书面通知施工单位限期将不合格的物资撤出现场。

5. 取（送）样人员授权书（表 2-27）

取（送）样人员授权书　　　　　　　　　　　表 2-27

	××监理公司	：	

现委托如下人员为我公司承建的 ××学院××校区迁建工程 1 号学生宿舍工程一区 工程的取（送）样人员：

姓名	性别	上岗证编号	联系方式
×××	×	××××	××××××
×××	×	××××	××××××

委托单位：（公章）

××建设工程公司

×××年××月××日

注：本表一式四份。

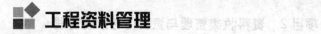

6. 见证取样和送检人员备案表（表 2-28）

见证取样和送检见证人备案书 表 2-28

　　　　　　×××建设工程　　　　　　质量监督站：

　　　　　　××市××建设工程公司　　　　实　验　室：

　　我单位决定，由　　　　　×××　　　　　同志担任　××学院××校区迁建工程 1 号学生宿舍工程一区
工程有见证取样和送检见证人。有关的印章和签字如下，请查收备案。

有见证取样和送件印章	见证人签字
×× 监理公司 有见证取样和送检印章	手签

建设单位名称（盖章）：　　　　　　　　　　　　　　　　　　　××年××月××日

监理单位名称（盖章）：　　　　　　　　　　　　　　　　　　　××年××月××日

施工项目负责人签字：　　　　　　　　手签　　　　　　　　　　××年××月××日

【相关规定及要求】

　　（1）每个单位工程须设定 1～2 名见证取样和送检见证人，见证人由施工现场监理人员担任，或由建设单位委派具备一定试验知识的专业人员担任。施工和材料、设备供应单位人员不得担任。

　　见证人员经培训考试合格并取得《见证人员岗位资格证书》后，方可上岗任职。单位工程见证人设定后，建设单位应向承监该工程的质量监督机构递交《有见证取样和送检见证人备案书》进行备案。见证人更换须办理变更备案手续。

　　（2）承担有见证试验的试验室，应在有资格承担对外试验业务的试验室或法定检测单位中选定，并向承监工程的质量监督机构备案。承担该项目的施工企业试验室不得承担该试验业务。

7. 见证记录（表 2-29）

见证记录

表 2-29

编号：＿＿＿＿＿×××＿＿＿＿

工程名称：＿＿＿＿×× 学院 ×× 校区迁建工程 1 号学生宿舍工程一区＿＿＿＿

取样部位：＿＿＿＿＿＿＿＿＿＿121 号桩＿＿＿＿＿＿＿＿＿＿

样品名称：＿＿C30 混凝土试块＿＿　　取样数量：＿＿＿1 组＿＿＿

取样地点：＿＿＿121 号桩旁＿＿＿　　取样日期：＿＿＿×××＿＿＿

见证记录：

C30 混凝土标准养护试块 1 组

有见证取样和送检印章：

> ×× 监理公司
> 有见证取样和送检印章

取　样　人　签　字：＿＿＿＿＿＿手签＿＿＿＿＿＿

见　证　人　签　字：＿＿＿＿＿＿手签＿＿＿＿＿＿

填制日期：　×× 年 ×× 月 ×× 日

8. 见证检测报告（表 2-30）

【相关规定及要求】

（1）建筑工程中涉及结构安全的试块、试件和材料应在建设单位或工程监理单位人员的见证下，由施工单位的现场试验人员在现场取样，并送至经过省级以上建设行政主管部门资质认可的对外检测单位进行检测。

（2）涉及结构安全的试块、试件和材料见证取样及送检的比例不得低于有关技术标准中规定应取样数量的 30％。

（3）下列试块、试件和材料必须实施见证取样和送检：

1）用于承重结构的混凝土试块；

2）用于承重墙体的砌筑砂浆试块；

3）用于承重结构的钢筋及连接接头试件；

4）用于承重墙的砖和混凝土小型砌块；

5）用于拌制混凝土和砌筑砂浆的水泥；

工程资料管理

有见证试验汇总表　　　　　　　　　　　　　表 2-30

工程名称：　　　　　　××学院××校区迁建工程 1 号学生宿舍工程一区

施工单位：　　　　　　　　　　××建设工程公司

建设单位：　　　　　　　　　　　××学院

监理单位：　　　　　　　　　　××监理公司

见 证 人：　　　　　　　　　　　×××

试验室名称：　　　　　　　　　×××试验室

试验项目	应送试总次数	有见证试验次数	不合格次数	备注
混凝土试块	××	××	×	
砂浆试块	××	××	×	
钢筋原材	××	××	×	
直螺纹钢筋接头	××	××	×	
钢筋焊接接头	××	××	×	

施工单位：　　　　　××建设工程公司　　　　　制 表 人：　　手签

填表日期：　　　　　　××年××月××日

注：此表由施工单位汇总填写。

6）用于承重结构的混凝土中使用的掺加剂；

7）地下、屋面、厕浴间使用的防水材料；

8）国家规定必须实行见证取样和送检的其他试块、试件和材料。

（4）见证人员应持有建设主管部门颁发的见证员证。

（5）在施工过程中，见证人员应按照见证取样和送检计划，对施工现场的取样和送检进行见证，取样人员应在试样或其包装上做出标识、封志。标识和封志应标明工程名称、取样部位、取样日期、样品名称和样品数量，并由见证人员和取样人员签字。见证人员应制作见证记录，并将见证记录归入施工技术档案。

（6）见证检测报告应注明检验性质为见证送样，并注明见证人姓名。

52

【相关规定及要求】

（1）此表由施工单位汇总填写，与其他施工资料一起纳入工程档案，作为评定工程质量的依据。

（2）有见证取样和送检的试验结果达不到规定标准时，试验室应向承监工程的质量监督机构报告。当试验不合格按有关规定允许加倍取样复试时，加倍取样、送检与复试也应按规定实施。

（3）各种有见证取样和送检试验资料必须真实、完整、符合规定。对伪造、涂改、抽换或丢失试验资料的行为，应对责任单位和责任人依法追究责任。

课堂活动

1. 展示教师收集到的已填好的工程资料及收集到的各种原材料合格证及试验报告。

2. 结合工程实例（项目 4 后附图），让学生分组讨论地基与基础施工阶段原材料合格证及试验报告的种类、名称，各种材料的取样送样方法，并会分析这些试验数据（见表 2-31～表 2-35）。

地基与基础施工阶段原材料合格证及试验报告明细表 表 2-31

序号	类别	资料名称	备注
1	材料报验	工程材料、构配件、设备报审表	表 2-24
2		材料、构配件进场记录	表 2-25
3		工程物资进场报验表	表 2-26
4	见证取样	取（送）样人员授权书	表 2-27
5		见证取样和送检人员备案表	表 2-28
6		见证记录	表 2-29
7		见证检测报告	
8		见证试验汇总表	表 2-30
9	材料取样	钢筋	
10		焊接及机械连接出厂合格证及检验报告	
11		水泥	
12		粉煤灰砖	
13		混凝土砌块	
14		砂	
15		石子	
16		防水材料	
17		外加剂出厂合格证及进场检验报告	
18		掺合料出厂合格证及进场检验报告	

续表

序号	类别	资料名称	备注
19	砂浆	砂浆配合比报告	
20		砂浆配合比申请单、通知单	表 2-32
21	混凝土	预拌混凝土出厂合格证	表 2-33
22		预拌混凝土运输单	表 2-34
23		混凝土配合比报告	
24		混凝土配合比申请单、通知单	表 2-35

砂浆配合比申请单　　　　　　　　　　　　表 2-32

砂浆配合比申请单			编号	×××
			委托编号	×××
工程名称	××学院××校区迁建工程 1 号学生宿舍工程一区			
委托单位	×××建设集团有限公司		试验委托人	×××
砂浆种类	混合砂浆		强度等级	M5
水泥品种	P.O 42.5		厂别	×××水泥厂
水泥进场日期	××年××月××日		试验编号	×××
砂产地	济源	粗细级别	中砂	试验编号	×××
掺合料种类	白灰膏		外加剂种类	/
申请日期	××年××月××日		要求使用日期	××年××月××日

砂浆配合比通知单（表式 C6-7）			配合比编号	×××	
			试配编号	×××	
强度等级	M5		试验日期	×××年××月××日	
配合比					
材料名称	水泥	砂	白灰膏	掺合料	外加剂
每立方米用量（kg/m³)	238	1571	95		
比例	1	6.6	0.4		
注：砂浆稠度为 70～100mm，白灰膏稠度为 120mm±5mm					
批准	手签	审核	手签	试验	手签
试验单位	×××中心试验室（单位章）				
报告日期	×××年××月××日				

注：本表由施工单位保存。

预拌混凝土出厂合格证　　　　　　　　表 2-33

预拌混凝土出厂合格证				编号	×××
使用单位	××工程建设指挥部			合格证编号	×××
工程名称与浇筑部位	××学院××校区迁建工程1号学生宿舍工程一区			桩基	
强度等级	C30	抗渗等级	/	供应数量（m³）	×××
供应日期	××年××月××日		至	××年××月××日	
配合比编号	×××				
原材料名称	水泥	砂	石	掺合料	外加剂
品种及规格	P.O42.5	中砂	碎石	Ⅱ级粉煤灰	HNB-1
试验编号	×××	×××	×××	×××	×××

每组抗压强度值（MPa）	试验编号	强度值	试验编号	强度值	备注：
	×××	33.6	×××	33.8	
	×××	35.4	×××	30.6	
	×××	36.8	××	32.1	
抗渗试验	试验编号	指标	试验编号	指标	

抗压强度统计结果（MPa）			结论：合格
组数	平均值	最小值	
3	35.27	33.6	

供应单位技术负责人	填表人	供应单位（盖章）
手签	手签	

填表日期：	××年××月××日	

注：本表由预拌混凝土供应单位提供，建设单位、施工单位、城建档案馆各保存一份。

混凝土运输单　　　　　　　表 2-34

预拌混凝土运输单（正本）		编号	×××
合同编号	×××	任务单号	×××
供应单位	×××混凝土公司	生产日期	××年××月××日
工程名称及施工部位	桩基		
委托单位	××建设工程公司	混凝土强度等级　C30	抗渗等级　/
混凝土输送方式	泵送	其他技术要求	/
本车供应方量（m³）	×	要求坍落度（mm）　160～180	实测坍落度（mm）　175
配合比编号	×××	配合比比例	C∶W∶S∶G＝1.00∶0.49∶2.42∶3.17
运距（km）×××	车号　×××	车次　×××	司机　×××
出站时间　××年××月××日××时××分	到场时间　××年××月××日××时××分	现场出罐温度（℃）　19	
开始浇筑时间　××年××月××日××时××分	完成浇筑时间　××年××月××日××时××分	现场坍落度（mm）　170	
签字栏	现场验收人　手签	混凝土供应单位质量员　手签	混凝土供应单位签发人　手签

预拌混凝土运输单（副本）表 C5-9		编号	×××
合同编号	×××	任务单号	×××
供应单位	×××混凝土公司	生产日期	××年××月××日
工程名称及施工部位	桩基		
委托单位	××建设工程公司	混凝土强度等级　C30	抗渗等级　/
混凝土输送方式	泵送	其他技术要求	/
本车供应方量（m³）	×	要求坍落度（mm）　140～160	实测坍落度（mm）　170
配合比编号	×××	配合比比例	C∶W∶S∶G＝1.00∶0.49∶2.42∶3.17
运距（km）×××	车号　×××	车次　×××	司机　×××
出站时间　××年××月××日××时××分	到场时间　××年××月××日××时××分	现场出罐温度（℃）　19	
开始浇筑时间　××年××月××日××时××分	完成浇筑时间　××年××月××日××时××分	现场坍落度（mm）　170	
签字栏	现场验收人　手签	混凝土供应单位质量员　手签	混凝土供应单位签发人　手签

注：本表的正本由供应单位保存，副本由施工单位保存。

混凝土配合比申请单　　　　　　　　　　　　　　表 2-35

混凝土配合比申请单				编号	×××
				委托编号	×××
工程名称部位	××学院××校区迁建工程 1 号学生宿舍工程一区				
委托单位	××建设工程公司			试验委托人	×××
设计强度等级	C30			要求坍落度、扩展度	160～180mm
其他设计要求	/				
搅拌方法	机械	浇捣方法	机械	养护方法	标准养护
水泥品种及强度等级	P.O　42.5R	厂别牌号	×××	试验编号	×××
砂产地及种类	×××			试验编号	×××
石子产地及种类	×××	最大粒径	25mm	试验编号	×××
外加剂名称	PDN-B 泵送剂			试验编号	×××
掺合料名称	Ⅱ级粉煤灰			试验编号	×××
申请日期	××年××月××日	使用日期	××年××月××日	联系电话	×××

混凝土配合比通知单					配合比编号	×××	
					试配编号	×××	
强度等级	C35	水胶比	0.43	水灰比	0.56	砂率	42%
项目 / 材料名称	水泥	水	砂	石	外加剂	掺合料	
每 m³ 用量（kg）	323	180	773	1053	8.7	91	
每盘用量（kg）	1	0.56	2.39	3.26	0.03	0.28	
混凝土碱含量（kg/m³）	注：此栏只有遇Ⅱ类工程（按京建科［1999］230 号规定分类）时填写。						
说明：本配合比所用材料均为干材料，使用单位应根据材料含水情况随时调整							
批准	手签		审核	手签		试验	手签
试验单位	×××中心试验室（单位章）						
报告日期	××年××月××日						

注：本表由施工单位保存。

2.2.3 安全和功能检验报告

知识构成

1. 会正确收集和整理地基与基础工程施工阶段安全和功能检验报告

(1) 放射性元素检测报告；

(2) 土壤氡气检测报告；

(3) 混凝土或砂浆回弹报告；

(4) 钻芯检测报告；

(5) 混凝土耐久性试验报告；

(6) 混凝土抗渗性能试验报告；

(7) 砂浆试块抗压强度试验报告；

(8) 混凝土试块抗压强度试压报告。

2. 掌握并计算砂浆试块、混凝土试块强度评定方法

(1) 砂浆试块强度统计、评定报告；

(2) 混凝土试块强度统计、评定报告。

课堂活动

1. 展示教师收集到的已填好的工程资料

收集各种地基与基础施工阶段安全和功能检验报告，展示放射性元素检测报告、土壤氡气检测报告、混凝土或砂浆回弹报告、钻芯检测报告及混凝土耐久性试验报告等。

2. 结合工程实例（见项目 4 后附图），让学生分组讨论地基与基础施工阶段安全和功能检验报告的种类、名称，并会分析这些试验数据（表 2-36）。

某工程地基与基础施工阶段安全和功能检验报告明细表　　　　　　表 2-36

序号	类别	资料名称	备注
1		放射性元素检测报告	建设单位
2		土壤氡气检测报告	
3		混凝土或砂浆回弹报告	混凝土强度有异议时
4	安全和功能检验报告	钻芯检测报告	
5		混凝土耐久性试验报告	
6		混凝土抗渗实验报告	表 2-39
7		砂浆试块抗压强度试验报告	
8		混凝土试块抗压强度试压报告	

续表

序号	类别	资料名称	备注
9	强度评定	砂浆试块强度统计、评定方法	表 2-37
10		混凝土试块强度统计、评定方法	表 2-38

（1）土壤氡气、放射性元素检验报告

【相关规定及要求】

1）新建、扩建的民用建筑工程设计前，必须进行建筑场地土壤中氡浓度的测定，并提供相应的检测报告。

2）新建、扩建的民用建筑工程设计前，必须进行建筑所用材料的放射性元素测定，并提供相应的检测报告。

3）新建、扩建的民用建筑工程的工程地质勘察报告，应包括工程地点的地质构造、断裂及区域放射性背景资料。

4）当民用建筑工程处于地质构造断裂带时，应根据土壤中氡浓度的测定结果，确定防氡工程措施；当民用建筑工程处于非地质构造断裂带时，可不采取防氡工程措施。

5）地表土壤氡浓度测试报告的内容应包括：取样测试过程描述、测试方法、土壤氡浓度测试结果等。

（2）砂浆抗压强度试验报告

【相关规定及要求】

1）砂浆应按设计分类提供试件抗压强度试验报告。

2）砂浆试件取样留置应满足下列要求：

①每一检验批且不超过 250m³ 砌体的各种类型及强度等级的砌筑砂浆，每台搅拌机应至少取样一次。

②建筑地面工程水泥砂浆强度试件，按每一层（或检验批）不应小于 1 组，当每一层（或检验批）面积大于 1000m² 时，每增加 1000m² 应增做一组试件，剩余不足 1000m² 的按 1000m² 计。当配合比不同时，应相应制作不同试件。

③同盘砂浆只应制作一组试件。

3）砂浆强度应按验收批进行评定，配合比和原材料基本相同的同品种、同强度等级砂浆划分为同一批。基础和主体（多、高层建筑按施工组织设计划定）各作为一个验收批。一个验收批的试件组数原则上不少于 3 组。

4）砂浆强度应以标准养护、龄期为 28d 的试件抗压试验结果为准。

5）当砂浆试块强度评定不合格或试件留置组数严重不足或对砂浆强度的代表性有怀疑时，应由具有相应资质的检测机构采用非破损或局部破损的检测方法，按国家现行有关标准的规定对砂浆和砌体强度进行鉴定，并作为处理的依据。鉴定处理应有处理记录，并经设计单位同意签认。

（3）砌筑砂浆试块强度统计、评定报告

砌筑砂浆试块强度统计、评定记录　　　　　　　表 2-37

工程名称	××学院××校区迁建工程 1 号学生宿舍工程一区			编号	×××
				强度等级	M10
施工单位	××建设工程公司			养护方法	标准养护
统计期	××年××月××日　　至　　××年××月××日			结构部位	±0.000 以下
试块组数（n）	强度标准值 f_2（MPa）	平均值 $f_{2,\mathrm{m}}$（MPa）		最小值 $f_{2,\min}$（MPa）	0.85f_2
每组强度值（MPa）（本表格数据横向填写输入）					
判定式	$f_{2,\mathrm{m}} \geqslant f_2$			$f_{2,\min} \geqslant 0.85 f_2$	
结果					
结论：					
签字栏	批准		审核		统计
	手签		手签		手签
	报告日期		××年××月××日		

注：本表由建设单位、施工单位、城建档案馆各保存一份。

【相关规定及要求】

1）砂浆试块强度评定

① 砂浆试块试压后，应将砂浆试块试压报告按施工部位及时间顺序编号，及时登记在砂浆试块试压报告目录表中。

② 结构验收（基础或主体结构完成后）前，按单位工程同品种、同强度等级砂浆为同一验收批，参加评定的必须是标准养护 28d 试块的抗压强度，工程中所用各品种、各强度等级的砂浆强度都应分别进行统计评定。

2）合格判定（砂浆试块强度统计评定）

① 砂浆试块强度应按下列公式进行评定：

$$f_{2,\mathrm{m}} \geqslant f_2$$
$$f_{2,\min} \geqslant 0.85 f_2$$

式中：$f_{2,m}$——同一验收批中砂浆立方体抗压强度各组平均值（MPa）；

$\quad\quad f_2$——验收批砂浆设计强度等级所对应的立方体抗压强度（MPa）；

$\quad\quad f_{2,min}$——同一验收批中砂浆立方体抗压强度的最小一组平均值（MPa）。

② 当施工中或验收时出现下列情况，可采用非破损和微破损检测方法对砂浆和砌体强度进行原位检测或取样检测，判定其强度，并应由有资质等级检测单位出具检测报告。

A. 砂浆试块缺乏代表性或试块数量不足；

B. 对砂浆试块的试验结果有怀疑或争议；

C. 砂浆试块的试验结果，已判定不能满足设计要求，需要确定砂浆或砌体强度。

3）砌筑砂浆的验收批，同一类型、同一强度等级的砂浆试块应不小于 3 组。当同一验收批只有一组试块时，该组试块抗压强度的平均值必须大于或等于设计强度等级所对应的立方体抗压强度。

（4）混凝土试块强度统计、评定报告

混凝土试块强度统计、评定记录　　　　　　　　　　表 2-38

工程名称	××学院××校区迁建工程 1 号学生宿舍工程一区				编号		×××	
					强度等级		C30	
施工单位					养护方法		标准养护	
统计期	××年××月××日　至　××年××月××日				结构部位		±0.000 以下	
试块组数 （n）	强度标准值 $f_{cu,k}$ （MPa）		平均值 $mf_{cu,k}$ （MPa）		标准差 $Sf_{cu,k}$ （MPa）	最小值 $f_{cu,min}$ （MPa）	合格判定系数	
							λ_1	λ_2
每组强度值 （MPa）								
评定界限	▢ 统计方法（二）				▢ 非统计方法			
	$\lambda_1 \times Sf_{cu}$	$f_{cu,k}+\lambda_1 \times Sf_{cu}$		$\lambda_2 \times f_{cu,k}$	λ_3	$\lambda_3 \times f_{cu,k}$	λ_4	$\lambda_4 \times f_{cu,k}$
判定式	$mf_{cu} \geqslant f_{cu,k}+\lambda_1 \times Sf_{cu}$	$f_{cu,min} \geqslant \lambda_2 \times f_{cu,k}$			$mf_{cu} \geqslant \lambda_3 \times f_{cu,k}$		$f_{cu,min} \geqslant \lambda_4 \times f_{cu,k}$	
结果								

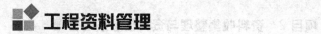

工程资料管理

续表

签字栏	批准		审核		统计	
	手签		手签		手签	
	报告日期		××年××月××日			

结论：

注：本表由建设单位、施工单位、城建档案馆各保存一份。

【相关规定及要求】

1）混凝土试块试压后，应将混凝土试块试压报告按施工部位及时间顺序编号，及时登记在混凝土试块试压报告目录表中。

2）结构验收（基础或主体结构完成后）前，按单位工程同品种、同强度等级混凝土为同一验收批，参加评定的必须是标准养护 28d 试块的抗压强度。工程中所用各品种、各强度等级的混凝土强度都应分别进行统计评定。

3）混凝土强度检验评定应以同批内标准试件的全部强度代表值按现行《混凝土强度检验评定标准》GB/T 50107—2010 进行检验评定。当对混凝土试件的代表性有怀疑时，或现场未按规定要求留置试件时，可委托具备资质的单位，采用从结构中钻取试件的方法或采用非破损检验方法，按有关规定对结构混凝土强度进行推定。

4）凡混凝土强度评定未达到要求的或未按规定留标准试块的，均为质量问题，必须依据经法定单位检测后出具的检测报告进行技术处理，结构处理应由设计单位提出加固、处理方案，其处理结构及方案资料应纳入施工技术资料。

5）混凝土强度检验评定的方法有统计方法评定和非统计方法评定。

① 标准差未知的统计方法评定

当样本容量不少于 10 组时，其强度应同时满足下列要求（表 2-39）：

$$mf_{cu} \geqslant f_{cu,k} + \lambda_1 \cdot Sf_{cu}$$

$$f_{cu,min} \geqslant \lambda_2 \cdot f_{cu,k}$$

混凝土强度的合格评定系数   表 2-39

试件组数	10～14	16～19	≥20
λ_1	1.15	1.05	0.95
λ_2	0.90	0.85	

② 非统计方法评定

当用于评定的样本容量小于 10 组时，应采用非统计方法评定混凝土强度。按非统计方法评定混凝土强度时，其强度应同时符合下列规定（表 2-40）：

$$mf_{cu} \geqslant \lambda_3 \cdot f_{cu,k}$$

$$f_{cu,min} \geqslant \lambda_4 \cdot f_{cu,k}$$

62

混凝土强度的合格评定系数　　　　　　　　表 2-40

试件组数	<C60	≥C60
λ_3	1.15	1.1
λ_4	0.95	

【填写要点】

1）确定单位工程中需统计评定的混凝土验收批，找出所有同一强度等级的各组试件强度值，分别填入表中。

2）填写所有已知项目。

3）分别计算出该批混凝土试件的强度平均值、标准差，找出合格判定系数和混凝土试件强度最小值填入表中。

4）计算出各评定数据并对混凝土试件强度进行判定，结论填入表中。

5）签字、上报、存档。

6）凡按《混凝土强度检验评定标准》GB/T 50107—2010 进行强度统计达不到要求的，应有结构处理措施；需要检测的，应经法定检测单位检测并应征得设计部门认可。检测、处理资料应存档。

（5）混凝土抗渗性能试验报告

混凝土抗渗性能试验报告　　　　　　　　表 2-41

混凝土抗渗性能试验报告				编号	×××
				试验编号	×××
				委托编号	×××
工程名称及部位	××学院××校区迁建工程 1 号学生宿舍工程一区			试件编号	×××
委托单位	××建设工程公司			委托试验人	×××
抗渗等级	P8			配合比编号	×××
强度等级	C30	养护条件	标准养护	收样日期	××年××月××日
成型日期	××年××月××日	龄期	28 天	试验日期	××年××月××日
试验情况： 由 0.1MPa 顺序加压至 0.9MPa，保持 8h，试件表面无渗水。 试验结果：抗渗等级>P8					
结论： 根据《普通混凝土长期性能和耐久性能试验方法标准》GB/T 50082—2009 标准，符合 P8 设计要求					
批准	手签	审核	手签	试验	手签
试验单位	×××中心试验室（单位章）				
报告日期	××年××月××日				

注：本表由建设单位、施工单位城建档案馆各保存一份。

【相关规定及要求】

1) 防水混凝土和有特殊要求的混凝土，应有配合比申请单和配合比通知单及抗渗试验报告和其他专项试验报告。应符合《地下防水工程质量验收规范》GB 50208—2011 中的有关规定，防水混凝土要进行稠度、强度和抗渗性能三项试验。稠度和强度试验同普通混凝土。防水混凝土抗渗性能，应采用标准条件下养护的防水混凝土抗渗试块的试验结果评定。

2) 对有抗渗要求的混凝土结构，其混凝土试件应在浇筑地点随机取样。同一工程、同一配合比的混凝土取样与试样留置应符合下列规定：

① 连续浇筑混凝土每 500m³ 应留置不少于一组抗渗试件，且每项工程不得少于两组。

② 预拌混凝土当连续浇筑混凝土每 500m³ 应留置不少于两组试件，且每部位（底板、侧墙）的试件不少于两组，当每增加 250～500m³ 混凝土时，应增加两组试件，当混凝土增加量在 250m³ 以内时不再增加试件组数。

3) 混凝土抗渗性能，应采用标准条件下养护混凝土抗渗试件的试验结果评定。抗渗性能试验应符合现行《普通混凝土长期性能和耐久性能试验方法标准》GB/T 50082—2009 的有关规定。试验时的龄期不少于 28d，最长不得超过 90d。

4) 抗渗等级以每组 6 个试块中有 3 个试件端面呈有渗水现象时的水压（H）计算出的 P 值进行评定。若按抗渗等级 P 评定（6 个试件均无透水现象）：应试压至 P+1 时的水压，方可评为 >P。采用预拌混凝土的抗渗试块，留置组数应视结构的规模和要求而定。

5) 抗渗性能试验应符合现行《普通混凝土长期性能和耐久性能试验方法标准》GB/T 50082—2009 的有关规定。

6) 施工现场使用预拌（商品）混凝土说明：生产厂家应按规定向使用单位提供出厂合格证。施工现场使用预拌（商品）混凝土前应有技术交底和具备混凝土工程的标准养护条件，并在混凝土运送到浇筑地点 15min 内按规定制作试块，其 28d 强度作为评定结构混凝土强度的依据。现场混凝土坍落度检验，商品混凝土浇筑时间分析及现场取样的混凝土试块制作应在混凝土交验前完成，取样在交货地点进行。

2.2.4 施工质量验收

知识构成

地基与基础分部施工质量验收记录包括分部工程质量验收记录、子分部工程质量验收记录、分项工程质量验收记录和检验批工程质量验收记录。

地基与基础分部工程、分项工程划分 表 2-42

分部工程	子分部工程	分项工程
地基与基础（01）	地基（01）	素土、灰土地基（01）、砂和砂石地基（02），土工合成材料地基（03），粉煤灰地基（04），强夯地基（05），注浆地基（06），预压地基（07），砂石桩复合地基（08），高压旋喷注浆地基（09），水泥土搅拌桩地基（10），土和灰土挤密桩复合地基（11），水泥粉煤灰碎石桩复合地基（12），夯实水泥土桩复合地基（13）

续表

分部工程	子分部工程	分项工程
地基 与基础 （01）	基础（02）	无筋扩展基础（01），钢筋混凝土扩展基础（02），筏形与箱形基础（03），钢结构基础（04），钢管混凝土结构基础（05），型钢混凝土结构基础（06），钢筋混凝土预制桩基础（07），泥浆护壁成孔灌注桩基础（08），干作业成孔桩基础（09），长螺旋钻孔压灌桩基础（10），沉管灌注基础（11），钢桩基础（12），锚杆静压桩基础（13），岩石锚杆基础（14），沉井与沉箱基础（15）
	基坑支护（03）	灌注桩排桩围护墙（01），板桩围护墙（02），咬合桩围护墙（03），型钢水泥土搅拌墙（04），土钉墙（05），地下连续墙（06），水泥土重力式挡墙（07），内支撑（08），锚杆（09），与主体结构相结合的基坑支护（10）
	地下水控制（04）	降水与排水（01），回灌（02）
	土方（05）	土方开挖（01），土方回填（02），场地平整（03）
	边坡（06）	喷锚支护（01），挡土墙（02），边坡开挖（03）
	地下防水（07）	主体结构防水（01），细部构造防水（02），特殊施工法结构防水（03），排水（04），注浆（05）

课堂活动

1. 展示教师收集到的已填好的地基与基础分部工程资料。

2. 结合工程实例（见项目 4 后附图），让学生分组讨论地基与基础分部检验批的划分方案，列出学生宿舍工程地基与基础施工阶段相关资料名称，并给这些名称正确标号，编制《地基与基础分部、子分部、分项与检验批划分计划表》，并会填写这些表格。

地基与基础分部、子分部、分项与检验批计划表　　　　表 2-43

序号	分部工程质量验收记录	子分部工程质量验收记录	分项工程质量验收记录	检验批质量验收记录表格及验收部位	编号	检验批数量（个）
1	地基 与 基础 （01）	基础 （02）	无筋扩展基础（01）	砖砌体检验批质量验收记录	01020101001	1
2			钢筋混凝土扩展基础（02）	承台梁模板安装检验批质量验收记录	01020201001	1
3				承台梁模板拆除检验批质量验收记录	01020202001	1
4				承台梁钢筋原材料检验批质量验收记录	01020203001	1
5				承台梁钢筋加工检验批质量验收记录	01020204001	1
6				承台梁钢筋连接检验批质量验收记录	01020205001	1
7				承台梁钢筋安装检验批质量验收记录	01020206001	1
8				承台梁混凝土原材料检验批质量验收记录	01020207001	1
9				承台梁混凝土配合比设计检验批质量验收记录	01020208001	1
10				承台梁混凝土施工检验批质量验收记录	01020209001	1

序号	分部工程质量验收记录	子分部工程质量验收记录	分项工程质量验收记录	检验批质量验收记录表格及验收部位	编号	检验批数量（个）
11	地基与基础（01）	基础（02）	钢筋混凝土扩展基础（02）	承台梁现浇结构外观及尺寸偏差检验批质量验收记录	01020210001	1
12			长螺旋钻孔压灌桩基础（10）	混凝土灌注桩（钢筋笼）检验批质量验收记录	01021001001-01021001227	227
13				混凝土灌注桩检验批质量验收记录	01021002001-01021001227	227
14		土方（05）	土方开挖（01）	土方开挖检验批质量验收记录	01050101001	1
15			土方回填（02）	土方回填检验批质量验收记录	01050201001	1

《检验批划分计划表》填写说明：

1）依据规范：《建筑地基基础工程施工质量验收规范》GB 50202—2002

《混凝土结构工程施工质量验收规范》GB 50204—2015

2）《建筑工程施工质量验收统一标准》GB 50300—2013 第 4.0.5 条：检验批可根据施工、质量控制和专业验收的需要，按工程量、楼层、施工段、变形缝进行划分。

3）《建筑工程施工质量验收统一标准》GB 50300—2013 条文说明第 4.0.5 条：

① 多层及高层建筑的分项工程可按楼层或施工段来划分检验批，单层建筑的分项工程可按变形缝等划分检验批；地基基础的分项工程一般划分为一个检验批，有地下层的基础工程可按不同地下层划分检验批；屋面工程的分项工程可按不同楼层屋面划分为不同的检验批；其他分部工程中的分项工程，一般按楼层划分检验批；对于工程量较少的分项工程可划为一个检验批。安装工程一般按一个设计系统或设备组别划分为一个检验批。室外工程一般划分为一个检验批。散水、台阶、明沟等含在地面检验批中。

② 按检验批验收有助于及时发现和处理施工中出现的质量问题，确保工程质量，也符合施工实际需要。

③ 地基基础中的土方工程、基坑支护工程及混凝土结构工程中的模板工程，虽不构成建筑工程实体，但因其是建筑工程施工中不可缺少的重要环节和必要条件，其质量关系到建筑工程的质量和施工安全，因此将其列入施工验收的内容。

4）《建筑工程施工质量验收统一标准》GB 50300—2013 条文说明第 4.0.7 条：

随着建筑工程领域的技术进步和建筑功能要求的提升，会出现一些新的验收项目，并需要有专门的分项工程和检验批与之相对应。对于本标准及相关专业验收规范未涵盖的分项工程、检验批，可由建设单位组织监理、施工等单位在施工前根据工程具体情况协商确定，并据此整理施工技术资料和进行验收。

5）桩基按施工流水段、品种规格、沉桩方法、工作条件或机械分组划分为若干个检验批，一般情况下一根桩应为一个检验批，本项目共 227 根桩，共 227 个检验批。

（1）地基与基础分部现场验收检查原始记录（图 2-1）

检验批验收现场检查原始记录

（GB50300-2013）

共　页第 | 页

单位（子单位）工程名称		XX综合楼工程			
检验批名称	砖砌体	检验批编号		02020101004	
编号	验收项目	验收部位	验收情况记录		备注
5.2.2	墙体灰缝砂浆饱满度≥80%	二层A/1~3轴墙	95%、90%、88%、平均91%		
		二层B/2~4轴墙	96%、92%、94%、平均94%		
		二层C~D/6轴墙	90%、94%、95%、平均93%		
		二层F/3~5轴墙	88%、85%、91%、平均88%		
		二层E~F/8轴墙	90%、93%、96%、平均93%		
5.2.3	砖砌体的转角处和交接处应同时砌筑	二层A/5轴	同时砌筑		
		二层C/8轴	同时砌筑		
		二层D/4轴	同时砌筑		
		二层F/8轴	同时砌筑		
		二层B/9轴	同时砌筑		
5.2.4	直槽留置及拉结钢筋数设	二层1/D~E轴	施工间留直槽 240mm墙 2Φ6.5拉结筋 未断开，沿墙高400mm间距 埋入墙体		
		二层3/D~E轴	✓		

校核：王2　检查：丁工　记录：唐2　　验收日期：2014年XX月XX日

图 2-1　手写检查原始记录

（2）地基与基础分部工程中各检验批质量验收记录

1）砖砌体检验批质量验收记录 01020101001

【填写要点】

依据《砌体结构工程施工质量验收规范》GB 50203—2011

① 主控项目

A. 砖和砂浆的强度等级必须符合设计要求。

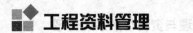

砖砌体检验批质量验收记录　　　　　　　　　表 2-44

01020101 <u>001</u>
02020101 <u>　　</u>

单位（子单位）工程名称		××学院××校区迁建工程 1 号学生宿舍工程一区	分部（子分部）工程名称	地基与基础分部-基础子分部	分项工程名称	无筋扩展基础分项
施工单位		××建设工程公司	项目负责人	×××	检验批容量	250m³
分包单位		/	分包单位项目负责人	/	检验批部位	±0.000 以下
施工依据		《××××工艺规范》××××-××××施工方案	验收依据	《砌体结构工程施工质量验收规范》GB 50203—2011		

验收项目			设计要求及规范规定	最小/实际抽样数量	检查记录	检查结果
主控项目	1	砖强度等级必须符合设计要求	设计要求 MU15	/	MU15 普通烧结砖，见证试验合格，报告编号×××	√
	2	砂浆强度等级必须符合设计要求	设计要求 M10	/	M10 水泥砂浆，抗压强度见证试验合格，报告编号×××	√
	3	砂浆饱满度 墙水平灰缝	≥80%	5/15	抽查 15 处，全部合格	√
		柱水平及竖向灰缝	≥90%			
	4	转角、交接处	第 5.2.3 条	5/15	抽查 15 处，全部合格	√
		斜槎留置	第 5.2.3 条			
	5	直槎拉结钢筋及接槎处理	第 5.2.4 条	5/15	抽查 15 处，全部合格	√
一般项目	1	组砌方法	第 5.3.1 条	5/15	抽查 15 处，全部合格；一处明显不合格，已整改，复查合格	100%
	2	水平灰缝厚度	8～12mm	5/15	抽查 15 处，全部合格	100%
	3	竖向灰缝宽度	8～12mm	5/15	抽查 15 处，全部合格	100%
	4	轴线位移	≤10mm	全/15	抽查 15 处，全部合格	100%
	5	基础、墙、柱顶面标高	±15mm 以内	5/15	抽查 15 处，全部合格	100%
	6	每层墙面垂直度	≤5mm	5/15	抽查 15 处，全部合格	100%
	7	表面平整度 清水墙柱	≤5mm	/	/	/
		混水墙柱	≤8mm	5/15	抽查 15 处，合格 14 处	93.3%
	8	水平灰缝平直度 清水墙	≤7mm	/	/	/
		混水墙	≤10mm	5/15	抽查 15 处，合格 14 处	93.3%
	9	门窗洞口高、宽（后塞口）	±10mm 以内	/	/	/
	10	外墙上下窗口偏移	≤20mm	/	/	/
	11	清水墙游丁走缝	≤20mm	/	/	/
施工单位检查结果			主控项目全部合格，一般项目满足规范规定要求		专业工长：项目专业质量检查员：××年××月××日	
监理单位验收结论			同意验收		专业监理工程师：××年××月××日	

抽检数量：每一生产厂家，烧结普通砖、混凝土实心砖每 15 万块，烧结多孔砖、混凝土多孔砖、蒸压灰砂砖及蒸压粉煤灰砖每 10 万块各为一检验批，不足上述数量时按 1 批计，抽检数量为 1 组。砂浆试块的抽检数量执行《砌体结构工程施工质量验收规范》GB 50203—2011 第 4.0.12 条的有关规定。

检验方法：查砖和砂浆试块试验报告。

B. 砌体灰缝砂浆应密实饱满，砖墙水平灰缝的砂浆饱满度不得低于 80%；砖柱水平灰缝和竖向灰缝饱满度不得低于 90%。

抽检数量：每检验批抽查不应少于 5 处。

检验方法：用百格网检查砖底面与砂浆的粘结痕迹面积。每处检测 3 块砖，取其平均值。

C. 砖砌体的转角处和交接处应同时砌筑，严禁无可靠措施的内外墙分砌施工。在抗震设防烈度为 8 度及 8 度以上的地区，对不能同时砌筑而又必须留置的临时间断处应砌成斜槎，普通砖砌体斜槎水平投影长度不应小于高度的 2/3。多孔砖砌体的斜槎长高比不应小于 1/2。斜槎高度不得超过一步脚手架的高度。

抽检数量：每检验批抽查不应少于 5 处。

检验方法：观察检查。

D. 非抗震设防及抗震设防烈度为 6 度、7 度地区的临时间断处，当不能留斜槎时，除转角处外，可留直槎，但直槎必须做成凸槎，且应加设拉结钢筋，拉结钢筋应符合下列规定：

a. 每 120mm 墙厚放置 1Φ6 拉结钢筋（120mm 厚墙应放置 2Φ6 拉结钢筋）；

b. 间距沿墙高不应超过 500mm；且竖向间距偏差不应超过 100mm；

c. 埋入长度从留槎处算起每边均不应小于 500mm，对抗震设防烈度 6 度、7 度的地区，不应小于 1000mm；

d. 末端应有 90°弯钩。

抽检数量：每检验批抽查不应少于 5 处。

检验方法：观察和尺量检查。

② 一般项目

A. 砖砌体组砌方法应正确，内外搭砌，上、下错缝。清水墙、窗间墙无通缝；混水墙中不得有长度大于 300mm 的通缝，长度 200～300mm 的通缝每间不超过 3 处，且不得位于同一面墙体上。砖柱不得采用包心砌法。

抽检数量：每检验批抽查不应少于 5 处。

检验方法：观察检查。砌体组砌方法抽检每处应为 3～5m。

B. 砖砌体的灰缝应横平竖直，厚薄均匀。水平灰缝厚度及竖向灰缝宽度宜为 10mm，但不应小于 8mm，也不应大于 12mm。

抽检数量：每检验批抽查不应少于 5 处。

检验方法：水平灰缝厚度用尺量 10 皮砖砌体高度折算。竖向灰缝宽度用尺量 2m 砌体长度折算。

C. 砖砌体尺寸、位置的允许偏差及检验应符合相关规定。

2）承台梁模板安装检验批质量验收记录 01020201001

模板安装检验批质量验收记录　　　　　　　　　　表 2-45

01020201 <u>001</u>
01020301 <u>　　</u>
02010101 <u>　　</u>

单位（子单位）工程名称	××学院××校区迁建工程1号学生宿舍工程一区	分部（子分部）工程名称	地基与基础分部-基础子分部	分项工程名称	钢筋混凝土扩展基础分项
施工单位	××建设工程公司	项目负责人	×××	检验批容量	100m²
分包单位	/	分包单位项目负责人	/	检验批部位	±0.000以下
施工依据	《××××工艺规范》××××-××××施工方案		验收依据	《混凝土结构工程施工质量验收规范》GB 50204—2015	

		验收项目		设计要求及规范规定	最小/实际抽样数量	检查记录	检查结果
主控项目	1	模板支撑、立柱位置和垫板		第4.2.1条	全/20	抽查20处，合格20处	√
	2	避免隔离剂沾污		第4.2.2条	全/20	抽查20处，合格20处	√
一般项目	1	模板安装的一般要求		第4.2.3条	全/20	抽查20处，合格20处	100%
	2	用作模板的地坪、胎模质量		第4.2.4条	/	/	/
	3	模板起拱高度		第4.2.5条	/	/	/
	4	预埋件、预留孔允许偏差	预埋钢板中心线位置（mm）	3	/	/	/
			预埋管、预留孔中心线位置（mm）	3	/	/	/
			插筋 中心线位置（mm）	5	11/20	抽查20处，合格20处	100%
			插筋 外露长度（mm）	+10，0	11/20	抽查20处，合格19处	95%
			预埋螺栓 中心线位置（mm）	2	/	/	/
			预埋螺栓 外露长度（mm）	+10，0	/	/	/
			预留洞 中心线位置（mm）	10	/	/	/
			预留洞 尺寸（mm）	+10，0	/	/	/
	5	模板安装允许偏差	轴线位置	5	11/20	抽查20处，合格19处	95%
			底模上表面标高（mm）	±5	11/20	抽查20处，合格20处	100%
			截面内部尺寸（mm） 基础	±10	11/20	抽查20处，合格19处	95%
			截面内部尺寸（mm） 柱、墙、梁	+4，−5	/	/	/
			层高垂直度（mm） 不大于5m	6	11/20	抽查20处，合格20处	100%
			层高垂直度（mm） 大于5m	8	/	/	/
			相邻两板表面高低差（mm）	2	/	/	/
			表面平整度（mm）	5	11/20	抽查20处，合格20处	100%

续表

施工单位 检查结果	主控项目全部合格， 一般项目满足规范规定要求	专业工长： 项目专业质量检查员： ×××年××月××日
监理单位 验收结论	同意验收	专业监理工程师： ×××年××月××日

【填写要点】

依据《混凝土结构工程施工质量验收规范》GB 50204—2015。

① 主控项目

A. 安装现浇结构的上层模板及其支架时，下层楼板应具有承受上层荷载的承载能力，或加设支架；上、下层支架的立柱应对准，并铺设垫板。

检查数量：全数检查。

检验方法：对照模板设计文件和施工技术方案观察。

B. 在涂刷模板隔离剂时，不得沾污钢筋和混凝土接槎处。

检查数量：全数检查。

检验方法：观察。

② 一般项目

A. 模板安装应满足下列要求。

a. 模板的接缝不应漏浆；在浇筑混凝土前，木模板应浇水湿润，但模板内不应有积水；

b. 模板与混凝土的接触面应清理干净并涂刷隔离剂，但不得采用影响结构性能或妨碍装饰工程施工的隔离剂；

c. 浇筑混凝土前，模板内的杂物应清理干净；

d. 对清水混凝土工程及装饰混凝土工程，应使用能达到设计效果的模板。

检查数量：全数检查。

检验方法：观察。

B. 用作模板的地坪、胎模等应平整光洁，不得产生影响构件质量的下沉、裂缝、起砂或起鼓。

检查数量：全数检查。

检验方法：观察。

C. 对跨度不小于 4m 的现浇钢筋混凝土梁、板，其模板应按设计要求起拱；当设计无具体要求时，起拱高度宜为跨度的 1/1000～3/1000。

检查数量：在同一检验批内，对梁，应抽查构件数量的 10%，且不少于 3 件；对板，应按有代表性的自然间抽查 10%，且不少于 3 间；对大空间结构，板可按纵、横轴线划分检查面，抽查 10%，且不少于 3 面。

检验方法：水准仪或拉线、钢尺检查。

D. 固定在模板上的预埋件、预留孔和预留洞均不得遗漏，且应安装牢固，其偏差应符合相关规定。

检查数量：在同一检验批内，对梁、柱和独立基础，应抽查构件数量的 10%，且不少于 3 件；对墙和板，应按有代表性的自然间抽查 10%，且不少于 3 间；对大空间结构，墙可按相邻轴线间高度 5m 左右划分检查面，板可按纵横轴线划分检查面，抽查 10%，且均不少于 3 面。

检验方法：钢尺检查。

E. 现浇结构模板安装的偏差应符合相关规定。

检查数量：在同一检验批内，对梁、柱和独立基础，应抽查构件数量的 10%，且不少于 3 件；对墙和板，应按有代表性的自然间抽查 10%，且不少于 3 间；对大空间结构，墙可按相邻轴线间高度 5m 左右划分检查面，板可按纵、横轴线划分检查面，抽查 10%，且均不少于 3 面。

F. 预制构件模板安装的偏差应符合相关规定。

检查数量：首次使用及大修后的模板应全数检查；使用中的模板应定期检查，并根据使用情况不定期抽查。

3）承台梁模板拆除检验批质量验收记录 01020202001

模板拆除检验批质量验收记录　　　　　　　表 2-46

01020202 <u>001</u>
01020302 <u>　　</u>
02010102 <u>　　</u>

单位（子单位）工程名称	××学院××校区迁建工程 1 号学生宿舍工程一区		分部（子分部）工程名称	地基与基础分部-基础子分部	分项工程名称	钢筋混凝土扩展基础分项
施工单位	××建设工程公司		项目负责人	×××	检验批容量	100m²
分包单位	/		分包单位项目负责人	/	检验批部位	±0.000 以下
施工依据	《××××工艺规范》××××-××××施工方案			验收依据	《混凝土结构工程施工质量验收规范》GB 50204—2015	

验收项目				设计要求及规范规定	最小/实际抽样数量	检查记录	检查结果
主控项目	1	底模及其支架拆除时的混凝土强度	构件类型	构件跨度（m）	达到设计的混凝土立方体抗压强度标准值的百分率（%）	/	/	/
			板	≤2	≥50	/		
				8≥，>2	≥75	/		
				>8	≥100	/		
			梁、拱、壳	≤8	≥75	/	达到设计强度的 100%，符合规定	√
				>8	≥100	/		
			悬臂构件	—	≥100	/		
	2	后张法预应力构件侧模和底模的拆除时间		第 4.3.2 条		/	/	/
	3	后浇带拆模和支顶		第 4.3.3 条		/	/	/

续表

验收项目		设计要求及规范规定	最小/实际抽样数量	检查记录	检查结果
一般项目	1　避免拆模损伤	第 4.3.4 条	全/50	50 处，表面及棱角无损伤	100%
	2　模板拆除、堆放和清运	第 4.3.5 条	全/50	全部按方案施工	100%
施工单位检查结果		主控项目全部合格，一般项目满足规范规定要求		专业工长：项目专业质量检查员：×××年××月××日	
监理单位验收结论		同意验收		专业监理工程师：×××年××月××日	

【填写要点】

依据《混凝土结构工程施工质量验收规范》GB 50204—2015。

① 主控项目

A. 底模及其支架拆除时的混凝土强度应符合设计要求；当设计无具体要求时，混凝土强度应符合相关规定。

检查数量：全数检查。

检验方法：检查同条件养护试件强度试验报告。

B. 对后张法预应力混凝土结构构件，侧模宜在预应力张拉前拆除；底模支架的拆除应按施工技术方案执行，当无具体要求时，不应在结构构件施加预应力前拆除。

检查数量：全数检查。

检验方法：观察。

C. 后浇带模板的拆除和支顶应按施工技术方案执行。

检查数量：全数检查。

检验方法：观察。

② 一般项目

A. 侧模拆除时的混凝土强度应能保证其表面及棱角不受损伤。

检查数量：全数检查。

检验方法：观察。

B. 模板拆除时，不应对楼层形成冲击荷载。拆除的模板和支架宜分散堆放并及时清运。

检查数量：全数检查。

检验方法：观察。

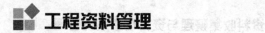
工程资料管理

4）承台梁钢筋原材料检验批质量验收记录 01020203001

钢筋原材料检验批质量验收记录

表 2-47

01020203 001

01020303 ___

02010201 ___

单位（子单位）工程名称		××学院××校区迁建工程1号学生宿舍工程一区	分部（子分部）工程名称	地基与基础分部-基础子分部	分项工程名称	钢筋混凝土扩展基础分项
施工单位		××建设工程公司	项目负责人	×××	检验批容量	40t
分包单位		/	分包单位项目负责人	/	检验批部位	±0.000 以下
施工依据		《××××工艺规范》××××-××××施工方案	验收依据		《混凝土结构工程施工质量验收规范》GB 50204—2015	
验收项目			设计要求及规范规定	最小/实际抽样数量	检查记录	检查结果
主控项目	1	力学性能和重量偏差检验	第5.2.1条	/	质量证明文件齐全，试验合格，报告编号×××	√
	2	抗震用钢筋强度实测值	第5.2.2条	/	检验合格，报告编号×××	√
	3	化学成分等专项检验	第5.2.3条	/		/
一般项目		外观质量	第5.2.4条	全/20	抽查20处，合格20处	100%
施工单位检查结果		主控项目全部合格，一般项目满足规范规定要求		专业工长：项目专业质量检查员：×××年××月××日		
监理单位验收结论		同意验收		专业监理工程师：×××年××月××日		

【填写要点】

依据《混凝土结构工程施工质量验收规范》GB 50204—2015。

① 主控项目

A. 钢筋进场时，应按国家现行相关标准的规定抽取试件作力学性能和重量偏差检验，检验结果必须符合有关标准的规定。

检查数量：按进场的批次和产品的抽样检验方案确定。

检验方法：检查出厂合格证、出厂检验报告和进场复验报告。

B. 对有抗震设防要求的结构，其纵向受力钢筋的性能应满足设计要求；当设计无具体要求时，对按一、二、三级抗震等级设计的框架和斜撑构件（含梯段）中的纵向受力钢筋应采用 HRB400E、HRB500E、HRBF335E、HRBF400E 钢筋，其强度和最大力下总伸长率的实测值应符合下列规定：

a. 钢筋的抗拉强度实测值与屈服强度实测值的比值不应小于 1.25；

b. 钢筋的屈服强度实测值与屈服强度标准值的比值不应大于 1.30；

c. 钢筋的最大力下总伸长率不应小于 9%。

检查数量：按进场的批次和产品的抽样检验方案确定。

检查方法：检查进场复验报告。

C. 当发现钢筋脆断、焊接性能不良或力学性能显著不正常等现象时，应对该批钢筋进行化学分析检验或其他专项检验。

检验方法：检查化学成分等专项检验报告。

② 一般项目

钢筋应平直、无损伤，表面不得有裂纹、油污、颗粒状或片状老锈。

检查数量：进场时和使用前全数检查。

检验方法：观察。

5）承台梁钢筋加工检验批质量验收记录 01020204001

钢筋加工检验批质量验收记录　　　　　　　　表 2-48

01020204 001
01020304 ___
02010202 ___

单位（子单位）工程名称		××学院××校区迁建工程 1 号学生宿舍工程一区	分部（子分部）工程名称	地基与基础分部-基础子分部	分项工程名称	钢筋混凝土扩展基础分项
施工单位		××建设工程公司	项目负责人	×××	检验批容量	40t
分包单位		/	分包单位项目负责人	/	检验批部位	±0.000 以下
施工依据		《××××工艺规范》××××-××××施工方案	验收依据		《混凝土结构工程施工质量验收规范》GB 50204—2015	

		验收项目	设计要求及规范规定	最小/实际抽样数量	检查记录	检查结果
主控项目	1	受力钢筋的弯钩和弯折	第 5.3.1 条	3/10	抽查 10 处，合格 10 处	√
	2	箍筋弯钩形式	第 5.3.2 条	3/10	抽查 10 处，合格 10 处	√
	3	钢筋调直后应进行力学性能和重量偏差检验	第 5.3.2A 条	3/5	检验 5 处合格，记录编号×××	×
一般项目	1	钢筋调直	第 5.3.3 条	3/10	1 处明显不合格，均已整改并复查合格；抽查 10 处，合格 10 处	100%
	2	钢筋加工的形状、尺寸 受力钢筋顺长度方向全长的净尺寸（mm）	±10	3/10	抽查 10 处，合格 10 处	100%
		弯起钢筋的弯折位置（mm）	±20	/	/	/
		箍筋内径尺寸（mm）	±5	3/10	抽查 10 处，合格 9 处	90%

施工单位检查结果	主控项目全部合格，一般项目满足规范规定要求　　　　　　专业工长：项目专业质量检查员：　　　　　　×××年××月××日
监理单位验收结论	同意验收　　　　　　专业监理工程师：　　　　　　×××年××月××日

【填写要点】

依据《混凝土结构工程施工质量验收规范》GB 50204—2015。

① 主控项目

A. 受力钢筋的弯钩和弯折应符合下列规定：

a. HPB300 级钢筋末端应作 180°弯钩，其弯弧内直径不应小于钢筋直径的 2.5 倍，弯钩的弯后平直部分长度不应小于钢筋直径的 3 倍；

b. 当设计要求钢筋末端需作 135°弯钩时，HRB400 级钢筋的弯弧内直径不应小于钢筋直径的 4 倍，弯钩的弯后平直部分长度应符合设计要求；

c. 钢筋作不大于 90°的弯折时，弯折处的弯弧内直径不应小于钢筋直径的 5 倍。

检查数量：按每工作班同一类型钢筋、同一加工设备抽查不应少于 3 件。

检验方法：钢尺检查。

B. 除焊接封闭环式箍筋外，箍筋的末端应作弯钩，弯钩形式应符合设计要求；当设计无具体要求时，应符合下列规定：

a. 箍筋弯钩的弯弧内直径除应满足本规范第 5.3.1 条的规定外，尚应不小于受力钢筋直径；

b. 箍筋弯钩的弯折角度：对一般结构，不应小于 90°；对有抗震等级要求的结构，应为 135°；

c. 箍筋弯后平直部分长度：对一般结构，不宜小于箍筋直径的 5 倍；对有抗震等级要求的结构，不应小于箍筋直径的 10 倍。

检查数量：每工作班按同一类型钢筋、同一加工设备抽查不应少于 3 件。

检验方法：钢尺检查。

C. 钢筋调直后应进行力学性能和重量偏差的检验，其强度应符合有关标准的规定。

检查数量：同一厂家、同一牌号、同一规格调直钢筋，重量不大于 30t 为一批；每批见证取样 3 个试件。

检验方法：3 个试件先进行重量偏差检验，再取其中 2 个试件经时效处理后进行力学性能检验。检验重量偏差时，试件切口应平滑且与长度方向垂直，且长度不应小于 500mm；长度和重量的量测精度分别不应低于 1mm 和 1g。

② 一般项目

A. 钢筋宜采用无延伸装置的机械设备进行调直，也可采用冷拉方法调直。当采用冷拉方法调直时，HPB300 光圆钢筋的冷拉率不宜大于 4%；HRB400、HRB500、HRBF335、HRBF400、HRBF500 及 RRB400 带肋钢筋的冷拉率不宜大于 1%。

检查数量：每工作班按同一类型钢筋、同一加工设备抽查不应少于 3 件。

检验方法：观察，钢尺检查。

B. 钢筋加工的形状、尺寸应符合设计要求，其偏差应符合相关规定。

检查数量：每工作班按同一类型钢筋、同一加工设备抽查不应少于 3 件。

检验方法：钢尺检查。

6）承台梁钢筋连接检验批质量验收记录 01020205001

钢筋连接检验批质量验收记录　　　　　　　　　　　　　表 2-49

01020205 <u>001</u>
01020305 <u>　　</u>
02010203 <u>　　</u>

单位（子单位）工程名称		××学院××校区迁建工程 1 号学生宿舍工程一区	分部（子分部）工程名称	地基与基础分部-基础子分部	分项工程名称	钢筋混凝土扩展基础分项	
施工单位		××建设工程公司	项目负责人	×××	检验批容量	40t	
分包单位		/	分包单位项目负责人	/	检验批部位	±0.000 以下	
施工依据		《××××工艺规范》××××-××××施工方案	验收依据		《混凝土结构工程施工质量验收规范》GB 50204—2015		
验收项目			设计要求及规范规定	最小/实际抽样数量	检查记录		检查结果
主控项目	1	纵向受力钢筋的连接方式	第 5.4.1 条	全/10	抽查 10 处，合格 10 处		√
	2	机械连接和焊接接头的力学性能	第 5.4.2 条	/	试验合格，报告编号×××		√
一般项目	1	接头位置和数量	第 5.4.3 条	全/10	抽查 10 处，合格 10 处		100%
	2	机械连接和焊接的外观质量	第 5.4.4 条	全/10	抽查 10 处，合格 10 处		100%
	3	机械连接和焊接的接头面积百分率	第 5.4.5 条	5/10	抽查 10 处，合格 10 处		100%
	4	绑扎搭接接头面积百分率和搭接长度	第 5.4.6 条附录 B	/	/		/
	5	搭接长度范围内的箍筋	第 5.4.7 条	5/10	1 处明显不合格，已整改并复查合格；抽查 10 处，合格 10 处		100%
施工单位检查结果			主控项目全部合格，一般项目满足规范规定要求　　　　　　　专业工长：　　　　　项目专业质量检查员：　　　　　　　　　　×××年××月××日				
监理单位验收结论			同意验收　　　　　　　　　　专业监理工程师：　　　　　　　　　　×××年××月××日				

【填写要点】

依据《混凝土结构工程施工质量验收规范》GB 50204—2015。

① 主控项目

A. 纵向受力钢筋的连接方式应符合设计要求。

检查数量：全数检查。

检验方法：观察。

B. 在施工现场，应按国家现行标准《钢筋机械连接技术规程》JGJ 107—2016、《钢筋焊接及验收规程》JGJ 18—2012 的规定抽取钢筋机械连接接头、焊接接头试件作力学性能检验，其质量应符合有关规程的规定。

检查数量：按有关规程确定。

检验方法：检查产品合格证、接头力学性能试验报告。

② 一般项目

A. 钢筋的接头宜设置在受力较小处。同一纵向受力钢筋不宜设置两个或两个以上接头。接头末端至钢筋弯起点的距离不应小于钢筋直径的 10 倍。

检查数量：全数检查。

检验方法：观察，钢尺检查。

B. 在施工现场，应按国家现行标准《钢筋机械连接通用技术规程》JGJ 107—2016、《钢筋焊接及验收规程》JGJ 18—2012 的规定对钢筋机械连接接头、焊接接头的外观进行检查，其质量应符合有关规程的规定。

检查数量：全数检查。

检验方法：观察。

C. 当受力钢筋采用机械连接接头或焊接接头时，设置在同一构件内的接头宜相互错开。

纵向受力钢筋机械连接接头及焊接接头连接区段的长度为 $35d$（d 为纵向受力钢筋的较大直径）且不小于 500mm，凡接头中点位于该连接区段长度内的接头均属于同一连接区段。同一连接区段内，纵向受力钢筋机械连接及焊接的接头面积百分率为该区段内有接头的纵向受力钢筋截面面积与全部纵向受力钢筋截面面积的比值。

同一连接区段内，纵向受力钢筋的接头面积百分率应符合设计要求；当设计无具体要求时，应符合下列规定：

a. 在受拉区不宜大于 50%；

b. 接头不宜设置在有抗震设防要求的框架梁端、柱端的箍筋加密区；当无法避开时，对等强度高质量机械连接接头，不应大于 50%；

c. 直接承受动力荷载的结构构件中，不宜采用焊接接头；当采用机构连接接头时，不应大于 50%。

检查数量：在同一检验批内，对梁、柱和独立基础，应抽查构件数量的 10%，且不少于 3 件；对墙和板，应按有代表性的自然间抽查 10%，且不少于 3 间；对大空间结构，墙可按相邻轴线间高度 5m 左右划分检查面，板可按纵横轴线划分检查面，抽查 10%，且均不少于 3 面。

检验方法：观察，钢尺检查。

D. 同一构件中相邻纵向受力钢筋的绑扎搭接接头宜相互错开。绑扎搭接接头中钢筋的横向净距不应小于钢筋直径，且不应小于25mm。

钢筋绑扎搭接接头连接区段的长度为 $1.3l_1$（l_1 为搭接长度），凡搭接接头中点位于该连接区段长度内的搭接接头均属于同一连接区段。同一连接区段内，纵向钢筋搭接接头面积百分率为该区段内有搭接接头的纵向受力钢筋截面面积与全部纵向受力钢筋截面面积的比值。

同一连接区段内，纵向受拉钢筋搭接接头面积百分率应符合设计要求；当设计无具体要求时，应符合下列规定：

a. 对梁类、板类及墙类构件，不宜大于25%；

b. 对柱类构件，不宜大于50%；

c. 当工程中确有必要增大接头面积百分率时，对梁类构件，不应大于50%；对其他构件，可根据实际情况放宽。

纵向受力钢筋绑扎搭接接头的最小搭接长度应符合相关规范规定。

检查数量：在同一检验批中，对梁、柱和独立基础，应抽查构件数量的10%，且不少于3件；对墙和板，应按有代表性的自然间抽查10%，且不少于3间；对大空间结构，墙可按相邻轴线间高度5m左右划分检查面，板可按纵、横轴线划分检查面，抽查10%，且均不少于3面。

检验方法：观察，钢尺检查。

E. 在梁、柱类构件的纵向受力钢筋搭接长度范围内，应按设计要求配置箍筋。当设计无具体要求时，应符合下列规定：

a. 箍筋直径不应小于搭接钢筋较大直径的0.25倍；

b. 受拉搭接区段的箍筋间距不应大于搭接钢筋较小直径的5倍，且不应大于100mm；

c. 受压搭接区段的箍筋间距不应大于搭接钢筋较小直径的10倍，且不应大于200mm；

d. 当柱中纵向受力钢筋直径大于25mm时，应在搭接接头两个端面外100mm范围内各设置两个箍筋，其间距宜为50mm。

检查数量：在同一检验批内，对梁、柱和独立基础，应抽查构件数量的10%，且不少于3件；对墙和板，应按有代表性的自然间抽查10%，且不少于3间；对大空间结构，墙可按相邻轴线间高度5m左右划分检查面，板可按纵、横轴线划分检查面，抽查10%，且均不少于3面。

检验方法：钢尺检查。

7) 承台梁钢筋安装检验批质量验收记录 01020206001

【填写要点】

依据《混凝土结构工程施工质量验收规范》GB 50204—2015。

① 主控项目

钢筋安装时，受力钢筋的品种、级别、规格和数量必须符合设计要求。

钢筋安装检验批质量验收记录　　　　　　　表 2-50

01020206 001
01020306 ____
02010204 ____

单位（子单位）工程名称		××学院××校区迁建工程1号学生宿舍工程一区	分部（子分部）工程名称	地基与基础分部-基础子分部	分项工程名称	钢筋混凝土扩展基础分项
施工单位		××建设工程公司	项目负责人	×××	检验批容量	40t
分包单位		/	分包单位项目负责人	/	检验批部位	±0.000 以下
施工依据		《××××工艺规范》××××-××××施工方案	验收依据		《混凝土结构工程施工质量验收规范》GB 50204—2015	

验收项目			设计要求及规范规定	最小/实际抽样数量	检查记录	检查结果
主控项目	受力钢筋和品种、级别、规格和数量		第5.5.1条	全/10	抽查10处，合格10处	√
一般项目	1 绑扎钢筋	长、宽(mm)	±10	5/10	抽查10处，合格10处	100%
		网眼尺寸(mm)	±20	5/10	抽查10处，合格10处	100%
	2 绑扎钢筋骨架	长、宽(mm)	±10	5/10	抽查10处，合格10处	100%
		网眼尺寸(mm)	±5	/	/	/
	3 受力钢筋	间距(mm)	±10	5/10	抽查10处，合格10处	100%
		排距(mm)	±5	/	/	/
		保护层厚度(mm) 基础	±10	5/10	抽查10处，合格10处	100%
		柱、梁	±5	/	/	/
		板、墙、壳	±3	/	/	/
	4 绑扎箍筋、横向钢筋间距(mm)		±20	5/20	抽查20处，合格19处	95%
	5 钢筋弯起点位置（mm）		20	/	/	/
	6 预埋件	中心线位置(mm)	5	/	/	/
		水平高差(mm)	+3，0	/	/	/

施工单位检查结果	主控项目全部合格，一般项目满足规范规定要求　　　　　　　专业工长：项目专业质量检查员：××年××月××日
监理单位验收结论	同意验收　　　　　　　专业监理工程师：××年××月××日

检查数量：全数检查。

检验方法：观察，钢尺检查。

② 一般项目

钢筋安装位置的偏差应符合相关规定。

检查数量：在同一检验批内，对梁、柱和独立基础，应抽查构件数量的 10%，且不少于 3 件；对墙和板，应按有代表性的自然间抽查 10%，且不少于 3 间；对大空间结构，墙可按相邻轴线间高度 5m 左右划分检查面，板可按纵、横轴线划分检查面，抽查 10%，且均不少于 3 面。

8）承台梁混凝土原材料检验批质量验收记录 01020207001

混凝土原材料检验批质量验收记录　　　　　　　　　表 2-51

01020207 <u>001</u>

01020307 <u>　　</u>

02010301 <u>　　</u>

单位（子单位）工程名称		××学院××校区迁建工程 1 号学生宿舍工程一区	分部（子分部）工程名称	地基与基础分部-基础子分部	分项工程名称	钢筋混凝土扩展基础分项
施工单位		××建设工程公司	项目负责人	×××	检验批容量	500t
分包单位		/	分包单位项目负责人	/	检验批部位	±0.000 以下
施工依据		《××××工艺规范》××××-××××施工方案		验收依据		《混凝土结构工程施工质量验收规范》GB 50204—2015
验收项目			设计要求及规范规定	最小/实际抽样数量	检查记录	检查结果
主控项目	1	水泥进场检验	第 7.2.1 条	/	质量证明文件齐全，试验合格，报告编号×××	√
	2	外加剂质量及应用	第 7.2.2 条	/	质量证明文件齐全，试验合格，报告编号×××	√
	3	混凝土中氧化物、碱的总含量控制	第 7.2.3 条		检验合格，资料齐全	√
一般项目	1	矿物掺合料质量及掺量	第 7.2.4 条	/	质量证明文件齐全，通过进场验收	100%
	2	粗细骨料的质量	第 7.2.5 条	/	检验合格，报告编号×××，×××	100%
	3	拌制混凝土用水	第 7.2.6 条	/	检验合格，报告编号×××	100%
施工单位检查结果		主控项目全部合格，一般项目满足规范规定要求		专业工长： 项目专业质量检查员： ××年××月××日		
监理单位验收结论		同意验收		专业监理工程师： ××年××月××日		

【填写要点】

依据《混凝土结构工程施工质量验收规范》GB 50204—2015。

① 主控项目

A. 水泥进场时应对其品种、级别、包装或散装仓号、出厂日期等进行检查，并应对其强度、安定性及其他必要的性能指标进行复验，其质量必须符合现行国家标准《通用硅酸盐水泥》GB 175—2007 等的规定。

当在使用中对水泥质量有怀疑或水泥出厂超过三个月（快硬硅酸盐水泥超过一个月）时，应进行复验，并按复验结果使用。

钢筋混凝土结构、预应力混凝土结构中，严禁使用含氧化物的水泥。

检查数量：按同一生产厂家、同一等级、同一品种、同一批号且连续进场的水泥，袋装不超过 200t 为一批，散装不超过 500t 为一批，每批抽样不少于一次。

检验方法：检查产品合格证、出厂检验报告和进场复验报告。

B. 混凝土中掺用外加剂的质量及应用技术应符合现行国家标准《混凝土外加剂》GB 8076—2008、《混凝土外加剂应用技术规范》GB 50119—2013 等和有关环境保护的规定。

预应力混凝土结构中，严禁使用含氯化物的外加剂。钢筋混凝土结构中，当使用含氯化物的外加剂时，混凝土中氯化物的总含量应符合现行国家标准《混凝土质量控制标准》GB 50164—2011 的规定。

检查数量：按进场的批次和产品的抽样检验方案确定。

检验方法：检查产品合格证、出厂检验报告和进场复验报告。

C. 混凝土中氯化物和碱的总含量应符合现行国家标准《混凝土结构设计规范》GB 50010—2010 和设计的要求。

检验方法：检查原材料试验报告和氯化物、碱的总含量计算书。

② 一般项目

A. 混凝土中掺用矿物掺合料的质量应符合现行国家标准《用于水泥和混凝土中的粉煤灰》GB/T 1596—2005 等的规定。矿物掺合料的掺量应通过试验确定。

检查数量：按进场的批次和产品的抽样检验方案确定。

检验方法：检查出厂合格证和进场复验报告。

B. 普通混凝土所用的粗、细骨料的质量应符合国家现行标准《建设用卵石、碎石》GB/T 14685—2011、《普通混凝土用砂、石质量及检验方法标准》JGJ 52—2006 的规定。

检查数量：按进场的批次和产品的抽样检验方案确定。

检验方法：检查进场复验报告。

注：1. 混凝土用的粗骨料，其最大颗粒粒径不得超过构件截面最小尺寸的 1/4，且不得超过钢筋最小净间距的 3/4。

2. 对混凝土实心板，骨料的最大粒径不宜超过板厚的 1/3，且不得超过 40mm。

C. 拌制混凝土宜采用饮用水；当采用其他水源时，水质应符合国家现行标准《混凝土用水标准》JGJ 63—2006 的规定。

检查数量：同一水源检查不应少于一次。

检验方法：检查水质试验报告。

9）承台梁混凝土配合比设计检验批质量验收记录 01020208001

混凝土配合比设计检验批质量验收记录　　　　　　　　表 2-52

01020208 <u>001</u>
01020308 <u>　　</u>
02010302 <u>　　</u>

单位（子单位）工程名称	××学院××校区迁建工程 1 号学生宿舍工程一区	分部（子分部）工程名称	地基与基础分部-基础子分部	分项工程名称	钢筋混凝土扩展基础分项
施工单位	××建设工程公司	项目负责人	×××	检验批容量	500t
分包单位	/	分包单位项目负责人	/	检验批部位	±0.000 以下
施工依据	《××××工艺规范》××××-××××施工方案		验收依据	《混凝土结构工程施工质量验收规范》GB 50204—2015	

验收项目			设计要求及规范规定	最小/实际抽样数量	检查记录	检查结果
主控项目		配合比设计	第 7.3.1 条	/	文件符合规定，资料齐全	√
一般项目	1	开盘鉴定	第 7.3.2 条	/	检验合格，资料齐全	100%
	2	依砂、石含水率调整配合比	第 7.3.3 条	/	/	/
施工单位检查结果			主控项目全部合格，一般项目满足规范规定要求		专业工长： 项目专业质量检查员： ××年××月××日	
监理单位验收结论			同意验收		专业监理工程师： ××年××月××日	

【填写要点】

依据《混凝土结构工程施工质量验收规范》GB 50204—2015。

① 主控项目

混凝土应按国家现行标准《普通混凝土配合比设计规程》JGJ 55—2011 的有关规定，根据混凝土强度等级、耐久性和工作性等要求进行配合比设计。

对有特殊要求的混凝土，其配合比设计尚应符合国家现行有关标准的专门规定。

检验方法：检查配合比设计资料。

② 一般项目

A. 首次使用的混凝土配合比应进行开盘鉴定，其工作性应满足设计配合比的要求。

开始生产时应至少留置一组标准养护试件，作为验证配合比的依据。

　　检验方法：检查开盘鉴定资料和试件强度试验报告。

　　B. 混凝土拌制前，应测定砂、石含水率并根据测试结果调整材料用量，提出施工配合比。

　　检查数量：每工作班检查一次。

　　检验方法：检查含水率测试结果和施工配合比通知单。

10）承台梁混凝土施工检验批质量验收记录 01020209001

混凝土施工检验批质量验收记录　　　　　　　　　　表 2-53

01020209 001

01020309 ___

02010303 ___

单位（子单位）工程名称		××学院××校区迁建工程1号学生宿舍工程一区	分部（子分部）工程名称	地基与基础分部-基础子分部	分项工程名称	钢筋混凝土扩展基础分项
施工单位		××建设工程公司	项目负责人	×××	检验批容量	100m³
分包单位		/	分包单位项目负责人	/	检验批部位	±0.000以下
施工依据		《××××工艺规范》××××-××××施工方案	验收依据		《混凝土结构工程施工质量验收规范》GB 50204—2015	
验收项目			设计要求及规范规定	最小/实际抽样数量	检查记录	检查结果
主控项目	1	混凝土强度等级及试件的取样和留置	第7.4.1条	/	见证试验合格，报告编号×××	√
	2	混凝土抗渗及试件取样和留置	第7.4.2条	/	/	/
	3	原材料每盘称量的偏差	第7.4.3条	1/20	抽查20处，合格20处	√
	4	初凝时间控制	第7.4.4条	全/20	抽查20处，合格20处	√
一般项目	1	施工缝的位置和处理	第7.4.5条	/	/	/
	2	后浇带的位置和浇筑	第7.4.6条	/	/	/
	3	养护措施	第7.4.7条	全/20	抽查20处，合格20处	100%
施工单位检查结果		主控项目全部合格，一般项目满足规范规定要求		专业工长：项目专业质量检查员：××年××月××日		
监理单位验收结论		同意验收		专业监理工程师：××年××月××日		

【填写要点】

依据《混凝土结构工程施工质量验收规范》GB 50204—2015。

① 主控项目

A. 结构混凝土的强度等级必须符合设计要求。用于检查结构构件混凝土强度的试件，应在混凝土的浇筑地点随机抽取。取样与试件留置应符合下列规定：

a. 每拌制 100 盘且不超过 100m³ 的同配合比的混凝土，取样不得少于一次；

b. 每工作班拌制的同一配合比的混凝土不足 100 盘时，取样不得少于一次；

c. 当一次连续浇筑超过 1000m³ 时，同一配合比的混凝土每 200m³ 取样不得少于一次。

d. 每一楼层、同一配合比的混凝土，取样不得少于一次；

e. 每次取样应至少留置一组标准养护试件，同条件养护试件的留置组数应根据实际需要确定。

检验方法：检查施工记录及试件强度试验报告。

B. 对有抗渗要求的混凝土结构，其混凝土试件应在浇筑地点随机取样。同一工程、同一配合比的混凝土，取样不应少于一次，留置组数可根据实际需要确定。

检验方法：检查试件抗渗试验报告。

C. 混凝土原材料每盘称量的偏差应符合相关规定。

检查数量：每工作班抽查不应少于一次。

检验方法：复称。

D. 混凝土运输、浇筑及间歇的全部时间不应超过混凝土的初凝时间。同一施工段的混凝土应连续浇筑，并应在底层混凝土初凝之前将上一层混凝土浇筑完毕。

当底层混凝土初凝后浇筑上一层混凝土时，应按施工技术方案中对施工缝的要求进行处理。

检查数量：全数检查。

检验方法：观察，检查施工记录。

② 一般项目

A. 施工缝的位置应在混凝土浇筑前按设计要求和施工技术方案确定。施工缝的处理应按施工技术方案执行。

检查数量：全数检查。

检验方法：观察，检查施工记录。

B. 后浇带的留置位置应按设计要求和施工技术方案确定。后浇带混凝土浇筑应按施工技术方案进行。

检查数量：全数检查。

检验方法：观察，检查施工记录。

C. 混凝土浇筑完毕后，应按施工技术方案及时采取有效的养护措施，并应符合下列规定：

a. 应在浇筑完毕后的 12h 以内对混凝土加以覆盖并保湿养护；

b. 混凝土浇水养护的时间：对采用硅酸盐水泥、普通硅酸盐水泥或矿渣硅酸盐水泥拌制的混凝土，不得少于 7d；对掺用缓凝型外加剂或有抗渗要求的混凝土，不得少于 14d；

c. 浇水次数应能保护混凝土处于湿润状态；混凝土养护用水应与拌制用水相同；

d. 采用塑料布覆盖养护的混凝土，其敞露的全部表面应覆盖严密，并应保持塑料布内有凝结水；

e. 混凝土强度达到 1.2N/mm² 前，不得在其上踩踏或安装模板及支架。

检查数量：全数检查。

检验方法：观察，检查施工记录。

11）承台梁现浇结构外观及尺寸偏差检验批质量验收记录 01020210001

现浇结构外观及尺寸偏差检验批质量验收记录

表 2-54

01020210 <u>001</u>
01020310 <u>　　</u>
02010501 <u>　　</u>

单位（子单位）工程名称			××学院××校区迁建工程1号学生宿舍工程一区		分部（子部分）工程名称	地基与基础分部-基础子分部		分项工程名称	钢筋混凝土扩展基础分项	
施工单位			××建设工程公司		项目负责人	×××		检验批容量	100m³	
分包单位			/		分包单位项目负责人	/		检验批部位	±0.000以下	
施工依据			《××××工艺规范》××××-××××施工方案		验收依据	《混凝土结构工程施工质量验收规范》GB 50204—2015				
		验收项目		设计要求及规范规定	最小/实际抽样数量		检查记录			检查结果
主控项目		外观质量		第8.2.1条	全/20		抽查20处，合格20处			√
一般项目	1	外观质量一般缺陷		第8.2.2条	全/20		抽查20处，合格20处			100%
	2	轴线位置（mm）	基础	15	11/20		抽查20处，合格20处			100%
			独立基础	10	/		/			/
			墙、柱、梁	8	/		/			/
			剪力墙	5	/		/			/
	3	垂直度（mm）	层高 ≤5m	8	11/20		抽查20处，合格20处			100%
			层高 >5m	10	/		/			/
			全高（H）	H/1000 且≤30（H=__mm）	/		/			/
	4	标高（mm）	层高	±10	11/20		2处明显不合格，均已整改并复查合格；抽查20处，合格20处			100%
			全高	±30	/		/			/
	5	截面尺寸		+8，−5	11/20		抽查20处，合格20处			100%
	6	电梯井	井筒长、宽对定位中心线（mm）	+25，0	/		/			/
			井筒全高（H）垂直度（mm）	H/1000 且≤30（H=__mm）	/		/			/
	7	表面平整度（mm）		8	11/20		抽查20处，合格20处			100%
	8	预埋设施中心线位置（mm）	预埋件	10	/		/			/
			预埋螺栓	5	/		/			/
			预埋管	5	/		/			/
	9	预留洞中心线位置（mm）		15	/		/			/

施工单位 检查结果	主控项目全部合格， 一般项目满足规范规定要求	专业工长： 项目专业质量检查员： ×××年××月××日
监理单位 验收结论	同意验收	专业监理工程师： ×××年××月××日

【填写要点】

依据《混凝土结构工程施工质量验收规范》GB 50204—2015。

① 外观质量

A. 主控项目

现浇结构的外观质量不应有严重缺陷。对已经出现的严重缺陷，应由施工单位提出技术处理方案，并经监理（建设）单位认可后进行处理。对经处理的部位，应重新检查验收。

检查数量：全数检查。

检验方法：观察，检查技术处理方案。

B. 一般项目

现浇结构的外观质量不宜有一般缺陷。对已经出现的一般缺陷，应由施工单位按技术处理方案进行处理，并重新检查验收。

检查数量：全数检查。

检验方法：观察，检查技术处理方案。

② 尺寸偏差

A. 主控项目

现浇结构不应有影响结构性能和使用功能的尺寸偏差。混凝土设备基础不应有影响结构性能和设备安装的尺寸偏差。

对超过尺寸允许偏差且影响结构性能和安装、使用功能的部位，应由施工单位提出技术处理方案，并经监理（建设）单位认可后进行处理。对经处理的部位，应重新检查验收。

检查数量：全数检查。

检验方法：量测，检查技术处理方案。

B. 一般项目

现浇结构和混凝土设备基础拆模后的尺寸偏差应符合相关的规定。

检查数量：按楼层、结构缝或施工段划分检验批。在同一检验批内，对梁、柱和独立基础，应抽查构件数量的 10%，且不少于 3 件；对墙和板，应按有代表性的自然间抽查 10%，且不少于 3 间；对大空间结构，墙可按相邻轴线间高度 5m 左右划分检查面，板可按纵、横轴线划分检查面，抽查 10%，且均不少于 3 面；对电梯井，应全数检查。对设备基础，应全数检查。

12）混凝土灌注桩（钢筋笼）检验批质量验收记录 01021001001

混凝土灌注桩（钢筋笼）检验批质量验收记录   表 2-55

01020801 ___   01020901 ___

01021001 001

01021101 ___

01030101 ___

单位（子单位）工程名称	××学院××校区迁建工程 1 号学生宿舍工程一区	分部（子分部）工程名称	地基与基础分部-基础子分部	分项工程名称	长螺旋钻孔压灌桩基础分项
施工单位	××建设工程公司	项目负责人	×××	检验批容量	1 根
分包单位	/	分包单位项目负责人	/	检验批部位	±0.000 以下
施工依据	《××××工艺规范》××××-××××施工方案	验收依据	《建筑地基基础工程施工质量验收规范》GB 50202—2002		

		验收项目	设计要求及规范规定	最小/实际抽样数量	检查记录	检查结果
主控项目	1	主筋间距（mm）	±10	全/10	抽查 10 处，合格 10 处	√
	2	长度（mm）	±100	全/10	抽查 10 处，合格 10 处	√
一般项目	1	钢筋材质检验	设计要求	2/10	检验合格，报告编号×××	100%
	2	箍筋间距（mm）	±20	全/10	抽查 10 处，合格 10 处	100%
	3	直径（mm）	±10	全/10	抽查 10 处，合格 10 处	100%
施工单位检查结果		主控项目全部合格，一般项目满足规范规定要求		专业工长：项目专业质量检查员：×××年××月××日		
监理单位验收结论		同意验收		专业监理工程师：×××年××月××日		

13）混凝土灌注桩检验批质量验收记录 01021002001-01021001227

混凝土灌注桩检验批质量验收记录

表 2-56

01020802 ___　　01020902 ___

01021002 001

01021102 ___

01030102 ___

单位（子单位）工程名称	××学院××校区迁建工程 1 号学生宿舍工程一区	分部（子分部）工程名称	地基与基础分部-基础子分部	分项工程名称	长螺旋钻孔压灌桩基础分项
施工单位	××建设工程公司	项目负责人	×××	检验批容量	1 根
分包单位	/	分包单位项目负责人	/	检验批部位	±0.000 以下
施工依据	《××××工艺规定》××××-××××施工方案	验收依据	《建筑地基基础工程施工质量验收规范》GB 50202—2002		

		验收项目	设计要求及规范规定	最小/实际抽样数量	检查记录	检查结果
主控项目	1	桩位	第 5.1.4 条	全/1	抽查 1 处，合格 1 处	√
	2	孔深（mm）	300	全/1	抽查 1 处，合格 1 处	√
	3	桩体质量验收	设计要求	/	检验合格，资料齐全	√
	4	混凝土强度	设计要求 C30	/	试验合格，报告编号×××	√
	5	承载力	设计要求	/	检验合格，资料齐全	√
一般项目	1	垂直度	第 5.1.4 条	全/5	抽查 5 处，合格 5 处	100%
	2	桩径	第 5.1.4 条	全/1	抽查 1 处，合格 1 处	100%
	3	泥浆比重（黏土或砂性土中）	1.15～1.20	/	/	/
	4	泥浆面标高（高于地下水位）(m)	0.5～1.0	/	/	/
	5	沉渣厚度：端承桩（mm）	≤50	/	/	/
		摩擦桩（mm）	≤150	/	/	/
	6	混凝土坍落度：水下灌注（mm）	160～220	/	/	/
		干施工（mm）	70～100	全/1	抽查 1 处，合格 1 处	100%
	7	钢筋笼安装深度（mm）	±100	全/1	抽查 1 处，合格 1 处	100%
	8	混凝土充盈系数	>1	全/1	抽查 1 处，合格 1 处	100%
	9	桩顶标高（mm）	+30，−50	全/1	抽查 1 处，合格 1 处	100%
施工单位检查结果	主控项目全部合格，一般项目满足规范规定要求　　　　专业工长： 项目专业质量检查员： ××年××月××日					
监理单位验收结论	同意验收　　　　专业监理工程师： ×××年××月××日					

14）土方开挖检验批质量验收记录 01050101001

土方开挖检验批质量验收记录　　　　　表 2-57

01050101 001

单位（子单位） 工程名称	××学院××校区迁 建工程1号学生宿舍 工程一区		分部（子分部） 工程名称	地基与基础分部- 土方子分部	分项工程名称	土方开挖分项
施工单位	××建设工程公司		项目负责人	×××	检验批容量	100m²
分包单位	/		分包单位 项目负责人	/	检验批部位	±0.000 以下
施工依据	《××××工艺规范》××××- ××××施工方案			验收依据	《建筑地基基础工程施工质量验收规范》 GB 50202—2002	

验收项目			设计要求及 规范规定		最小/实际 抽样数量	检查记录	检查 结果
主控项目	1	标高	桩基基坑基槽		−50	10/20	抽查20处，合格20处	√
			场地 平整	人工	±30	/	/	/
				机械	±50	/	/	/
			管沟		−50	/	/	/
			地（路）面基础层		−50	/	/	/
	2	长度、宽度（由设计中心线向两边量）	桩基基坑基槽		200； −50	8/20	抽查20处，合格20处	√
			场地 平整	人工	300； −100	/	/	/
				机械	500； −150	/	/	/
			管沟		100	/	/	/
	3	边坡	设计要求			8/20	抽查20处，合格20处	√
一般项目	1	表面平整度	桩基基坑基槽		20	10/20	抽查20处，合格19处	95％
			场地 平整	人工	20	/	/	/
				机械	50	/	/	/
			管沟		20	/	/	/
			地（路）面基础层		20	/	/	/
	2	基底土性	设计要求			10/20	抽查20处，合格20处	100％

施工单位 检查结果	主控项目全部合格， 一般项目满足规范规定要求 　　　　　　　　　　　　专业工长： 　　　　　　　　　　　项目专业质量检查员： 　　　　　　　　　　　××年××月××日
监理单位 验收结论	同意验收 　　　　　　　　　　　专业监理工程师： 　　　　　　　　　　　××年××月××日

15）土方回填检验批质量验收记录 01050201001

土方回填检验批质量验收记录　　　　　　　　　　表 2-58

01050201 001

单位（子单位）工程名称	××学院××校区迁建工程 1 号学生宿舍工程一区		分部（子分部）工程名称	地基与基础分部-土方子分部	分项工程名称	土方回填分项
施工单位	××建设工程公司		项目负责人	×××	检验批容量	100m²
分包单位	/		分包单位项目负责人	/	检验批部位	±0.000 以下
施工依据	《××××工艺规范》××××-××××施工方案			验收依据	《建筑地基基础工程施工质量验收规范》GB 50202—2002	

验收项目			设计要求及规范规定		最小/实际抽样数量	检查记录	检查结果
主控项目	1	标高	桩基基坑基槽		−50	10/10	抽查 10 处，合格 10 处	√
			场地平整	人工	±30	/	/	/
				机械	±50	/	/	/
			管沟		−50	/	/	/
			地（路）面基础层		−50	/	/	/
	2	分层压实系数	设计要求		10/10	抽查 10 处，合格 10 处	√
一般项目	1	回填土料	设计要求		10/10	抽查 10 处，合格 10 处	100%
	2	分层厚度及含水量	设计要求		10/10	抽查 10 处，合格 10 处	100%
	3	表面平整度	桩基基坑基槽		20	10/10	抽查 10 处，合格 9 处	90%
			场地平整	人工	20	/	/	/
				机械	30	/	/	/
			管沟		20	/	/	/
			地（路）面基础层		20	/	/	/

施工单位检查结果	主控项目全部合格，一般项目满足规范规定要求　　　　专业工长：项目专业质量检查员：××年××月××日
监理单位验收结论	同意验收　　　　　　　　　　专业监理工程师：××年××月××日

工程资料管理

（3）地基与基础分部工程中各分项工程质量验收记录

1）无筋扩展基础（01）

无筋扩展基础　分项工程质量验收记录　　表 2-59

编号：010201

单位（子单位）工程名称	××学院××校区迁建工程 1号学生宿舍工程一区		分部（子分部）工程名称		地基与基础分部（基础子分部）	
分项工程数量	1		检验批数量		1	
施工单位	××建设工程公司		项目负责人	×××	项目技术负责人	×××
分包单位	/		分包单位项目负责人	/	分包内容	/

序号	检验批名称	检验批容量	部位/区段	施工单位检查结果	监理单位验收结论
1	砖砌体	250m³	±0.000以下	符合要求	合格
2					
3					
4					
5					
6					
7					
8					
9					
10					
11					
12					
13					
14					
15					

说明：

检验批质量验收记录资料齐全完整

施工单位检查结果	符合要求 项目专业技术负责人：　手签 ××年××月××日
监理单位验收结论	合格 专业监理工程师：　手签 ××年××月××日

92

2) 钢筋混凝土扩展基础（02）

<u>钢筋混凝土扩展基础</u>　分项工程质量验收记录　　　　　表 2-60

编号：<u>010202</u>

单位（子单位）工程名称	××学院××校区迁建工程 1号学生宿舍工程一区		分部（子分部）工程名称	地基与基础分部（基础子分部）	
分项工程数量	1		检验批数量	10	
施工单位	××建设工程公司		项目负责人	×××	项目技术负责人 ×××
分包单位	/		分包单位项目负责人	/	分包内容 /
序号	检验批名称	检验批容量	部位/区段	施工单位检查结果	监理单位验收结论
1	模板安装	100m³	±0.000 以下	符合要求	合格
2	模板拆除	100m³	±0.000 以下	符合要求	合格
3	钢筋原材料	40t	±0.000 以下	符合要求	合格
4	钢筋加工	40t	±0.000 以下	符合要求	合格
5	钢筋连接	40t	±0.000 以下	符合要求	合格
6	钢筋安装	40t	±0.000 以下	符合要求	合格
7	混凝土原材料	500t	±0.000 以下	符合要求	合格
8	混凝土配合比设计	500t	±0.000 以下	符合要求	合格
9	混凝土施工	100m³	±0.000 以下	符合要求	合格
10	现浇结构外观及尺寸偏差	100m³	±0.000 以下	符合要求	合格
11					
12					
13					
14					
15					
说明： 检验批质量验收记录资料齐全完整					
施工单位检查结果	符合要求 　　　　　　　　　　　项目专业技术负责人：　　手签 　　　　　　　　　　　　　　　××年××月××日				
监理单位验收结论	合格 　　　　　　　　　　　专业监理工程师：　　手签 　　　　　　　　　　　　　　××年××月××日				

工程资料管理

3) 长螺旋钻孔压灌桩基础（10）

长螺旋钻孔压灌桩基础 分项工程质量验收记录　　　　　　　表 2-61

编号：010210

单位（子单位）工程名称	××学院××校区迁建工程 1号学生宿舍工程一区		分部（子分部）工程名称	地基与基础分部（基础子分部）		
分项工程数量	1		检验批数量	454		
施工单位	××建设工程公司		项目负责人	×××	项目技术负责人	×××
分包单位	/		分包单位项目负责人	/	分包内容	/
序号	检验批名称	检验批容量	部位/区段	施工单位检查结果	监理单位验收结论	
1	混凝土灌注桩（钢筋笼）	1根	1号桩	符合要求	合格	
2	混凝土灌注桩（钢筋笼）	1根	2号桩	符合要求	合格	
3	混凝土灌注桩（钢筋笼）	1根	3号桩	符合要求	合格	
4	混凝土灌注桩（钢筋笼）	1根	4号桩	符合要求	合格	
5	混凝土灌注桩（钢筋笼）	1根	5号桩	符合要求	合格	
6	混凝土灌注桩（钢筋笼）	1根	6号桩	符合要求	合格	
7	混凝土灌注桩（钢筋笼）	1根	7号桩	符合要求	合格	
8	混凝土灌注桩（钢筋笼）	1根	8号桩	符合要求	合格	
9	混凝土灌注桩（钢筋笼）	1根	9号桩	符合要求	合格	
10	混凝土灌注桩（钢筋笼）	1根	10号桩	符合要求	合格	
11	混凝土灌注桩（钢筋笼）	1根	11号桩	符合要求	合格	
12	混凝土灌注桩（钢筋笼）	1根	12号桩	符合要求	合格	
13	混凝土灌注桩（钢筋笼）	1根	13号桩	符合要求	合格	
14	混凝土灌注桩（钢筋笼）	1根	14号桩	符合要求	合格	
15	混凝土灌注桩（钢筋笼）	1根	15号桩	符合要求	合格	
说明：检验批质量验收记录资料齐全完整						
施工单位检查结果	符合要求 项目专业技术负责人：　　　手签 ××年××月××日					
监理单位验收结论	合格 专业监理工程师：　　　手签 ××年××月××日					

<u>长螺旋钻孔压灌桩基础</u> 分项工程质量验收记录   **表 2-62**

编号：010210

单位（子单位）工程名称	××学院××校区迁建工程 1号学生宿舍工程一区		分部（子分部）工程名称	地基与基础分部（基础子分部）		
分项工程数量	1		检验批数量	454		
施工单位	××建设工程公司		项目负责人	×××	项目技术负责人	×××
分包单位	/		分包单位项目负责人	/	分包内容	/
序号	检验批名称	检验批容量	部位/区段	施工单位检查结果	监理单位验收结论	
1	混凝土灌注桩	1根	1号桩	符合要求	合格	
2	混凝土灌注桩	1根	2号桩	符合要求	合格	
3	混凝土灌注桩	1根	3号桩	符合要求	合格	
4	混凝土灌注桩	1根	4号桩	符合要求	合格	
5	混凝土灌注桩	1根	5号桩	符合要求	合格	
6	混凝土灌注桩	1根	6号桩	符合要求	合格	
7	混凝土灌注桩	1根	7号桩	符合要求	合格	
8	混凝土灌注桩	1根	8号桩	符合要求	合格	
9	混凝土灌注桩	1根	9号桩	符合要求	合格	
10	混凝土灌注桩	1根	10号桩	符合要求	合格	
11	混凝土灌注桩	1根	11号桩	符合要求	合格	
12	混凝土灌注桩	1根	12号桩	符合要求	合格	
13	混凝土灌注桩	1根	13号桩	符合要求	合格	
14	混凝土灌注桩	1根	14号桩	符合要求	合格	
15	混凝土灌注桩	1根	15号桩	符合要求	合格	

说明：

检验批质量验收记录资料齐全完整

施工单位检查结果	符合要求 项目专业技术负责人：手签 ××年××月××日
监理单位验收结论	合格 专业监理工程师：手签 ××年××月××日

4）土方开挖（01）

土方开挖	分项工程质量验收记录		表 2-63

编号：010501

单位（子单位）工程名称	××学院××校区迁建工程 1号学生宿舍工程一区		分部（子分部）工程名称	地基与基础分部（土方子分部）		
分项工程数量	1		检验批数量	1		
施工单位	××建设工程公司		项目负责人	×××	项目技术负责人	×××
分包单位	/		分包单位项目负责人	/	分包内容	/
序号	检验批名称	检验批容量	部位/区段	施工单位检查结果	监理单位验收结论	
1	土方开挖	100m²	±0.000 以下	符合要求	合格	
2						
3						
4						
5						
6						
7						
8						
9						
10						
11						
12						
13						
14						
15						

说明：

检验批质量验收记录资料齐全完整

施工单位检查结果	符合要求 项目专业技术负责人：　手签 ××年××月××日
监理单位验收结论	合格 专业监理工程师：　手签 ××年××月××日

5）土方回填（02）

土方回填检验批质量验收记录　　　　　　表 2-64

01050201 001

单位（子单位）工程名称	××学院××校区迁建工程 1 号学生宿舍工程一区	分部（子分部）工程名称	地基与基础分部-土方子分部	分项工程名称	土方回填分项
施工单位	××建设工程公司	项目负责人	×××	检验批容量	100m²
分包单位	/	分包单位项目负责人	/	检验批部位	±0.000 以下
施工依据	《××××工艺规范》××××-××××施工方案		验收依据	《建筑地基基础工程施工质量验收规范》GB 50202—2002	

验收项目			设计要求及规范规定		最小/实际抽样数量	检查记录	检查结果
主控项目	1	标高	桩基基坑基槽		—50	10/10	抽查 10 处，合格 10 处	√
			场地平整	人工	±30	/	/	/
				机械	±50	/	/	/
			管沟		—50	/	/	/
			地（路）面基础层		—50	/	/	/
	2	分层压实系数	设计要求		10/10	抽查 10 处，合格 10 处	√
一般项目	1	回填土料	设计要求		10/10	抽查 10 处，合格 10 处	100%
	2	分层厚度及含水量	设计要求		10/10	抽查 10 处，合格 10 处	100%
	3	表面平整度	桩基基坑基槽		20	10/10	抽查 10 处，合格 9 处	90%
			场地平整	人工	20	/	/	/
				机械	30	/	/	/
			管沟		20	/	/	/
			地（路）面基础层		20	/	/	/

施工单位检查结果	主控项目全部合格，一般项目满足规范规定要求　　　专业工长：项目专业质量检查员：　　　　　　　　　　××年××月××日
监理单位验收结论	同意验收　　　　　　　专业监理工程师：　　　　　　　　　　××年××月××日

(4) 地基与基础分部工程（各子分部工程）质量验收记录

1) 基础（02）子分部工程质量验收记录

<u>基础子</u> 分部工程质量验收记录　　　　　　　　表 2-65

编号：0102

单位（子单位）工程名称	××学院××校区迁建工程 1 号学生宿舍工程一区		子分部 工程数量	1	分项工程数量	3
施工单位	××建设工程公司		项目负责人	×××	技术（质量）负责人	×××
分包单位	/		分包单位负责人	/	分包内容	/

序号	子分部 工程名称	分项工程名称	检验批数量	施工单位检查结果	监理单位验收结论
1	基础	无筋扩展基础	1	符合要求	合格
2	基础	钢筋混凝土扩展基础	10	符合要求	合格
3	基础	长螺旋钻孔压灌桩基础	454	符合要求	合格
4					
5					
6					
7					
8					
质量控制资料				共××份，齐全有效	合格
安全和功能检验结果				抽查×项，符合要求	合格
观感质量检验结果				好	好
综合验收结论	基础子分部工程验收合格				

施工单位 项目负责人：　手签 ××年××月××日	勘察单位 项目负责人：　手签 ××年××月××日	设计单位 项目负责人：　手签 ××年××月××日	监理单位 总监理工程师：　手签 ××年××月××日

注：1. 地基与基础分部工程的验收应由施工、勘察、设计单位项目负责人和总监理工程师参加并签字；
　　2. 主体结构、节能分部工程的验收应由施工、设计单位项目负责人和总监理工程师参加并签字。

2）土方（05）子分部工程质量验收记录

<u>土方子</u>　分部工程质量验收记录　　　　　表 2-66

编号：0105

单位（子单位）工程名称	××学院××校区迁建工程 1号学生宿舍工程一区		子分部工程数量	1	分项工程数量	2
施工单位	××建设工程公司		项目负责人	×××	技术（质量）负责人	×××
分包单位	/		分包单位负责人	/	分包内容	/

序号	子分部工程名称	分项工程名称	检验批数量	施工单位检查结果	监理单位验收结论
1	土方	土方开挖	1	符合要求	合格
2	土方	土方回填	1	符合要求	合格
3					
4					
5					
6					
7					
8					
质量控制资料				共××份，齐全有效	合格
安全和功能检验结果				抽查×项，符合要求	合格
观感质量检验结果				好	好
综合验收结论	土方子分部工程验收合格				

施工单位 项目负责人：　　手签 ××年××月××日	勘察单位 项目负责人：　　手签 ××年××月××日	设计单位 项目负责人：　　手签 ××年××月××日	监理单位 总监理工程师：　　手签 ××年××月××日

注：1. 地基与基础分部工程的验收应由施工、勘察、设计单位项目负责人和总监理工程师参加并签字；
　　2. 主体结构、节能分部工程的验收应由施工、设计单位项目负责人和总监理工程师参加并签字。

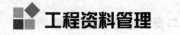

3）地基与基础（01）分部工程质量验收记录

<u>　　地基与基础工程　　</u>分部工程质量验收记录　　　　　　表 2-67

编号：<u>　01　</u>

单位（子单位）工程名称		××学院××校区迁建工程 1 号学生宿舍工程一区		子分部 工程数量	2	分项工程数量	5
施工单位		××建设工程公司		项目负责人	×××	技术（质量） 负责人	×××
分包单位		/		分包单位负责人	/	分包内容	/
序号	子分部 工程名称	分项工程名称	检验批数量	施工单位检查结果		监理单位验收结论	
1	基础	无筋扩展基础	1	符合要求		合格	
2	基础	钢筋混凝土 扩展基础	10	符合要求		合格	
3	基础	长螺旋钻孔压 灌桩基础	454	符合要求		合格	
4	土方	土方开挖	1	符合要求		合格	
5	土方	土方回填	1	符合要求		合格	
6							
7							
8							
质量控制资料				共××份，齐全有效		合格	
安全和功能检验结果				抽查×项，符合要求		合格	
观感质量检验结果				好		好	
综合 验收 结论	地基与基础分部工程验收合格						
施工单位 项目负责人：　　手签 ××年××月××日		勘察单位 项目负责人：　　手签 ××年××月××日		设计单位 项目负责人：　　手签 ××年××月××日		监理单位 总监理工程师：　　手签 ××年××月××日	

注：1. 地基与基础分部工程的验收应由施工、勘察、设计单位项目负责人和总监理工程师参加并签字；
　　2. 主体结构、节能分部工程的验收应由施工、设计单位项目负责人和总监理工程师参加并签字。

任务 2.3　主体结构工程施工阶段资料编制和收集

任务描述

主体结构工程施工阶段资料编制和收集共分 4 部分内容，通过本工作任务的学习，学生能够根据施工图纸准确列出主体结构工程施工阶段文件资料，学会收集施工管理资料；材料合格证及试验报告；施工试验、安全和功能检验报告；施工质量验收记录。

2.3.1　施工管理资料

知识构成

施工管理资料是施工单位依据企业的管理制度实施工程管理过程中，对造价、质量、安全、工期等进行控制所形成的资料。包括：

1. 《施工现场质量管理检查记录》

2. 建设工程特殊工种上岗证审查

工程开工前，施工单位应对电工、架子工、测量放线工、焊工和起重等垂直运输司机等特殊工种的从业人员进行登记检查，要求从业人员具有操作上岗证书，检查时原件年审应有效，填写《建设工程特殊工种上岗证审查表》，并附相应证书复印件，报监理单位审核。特殊工种一定注意人、证的一致。

3. 施工日志

4. 《工程开/复工报告》

(1) 开工报告由总承包单位在完成施工准备并取得施工许可证之后填写，经施工单位的工程管理部门审核通过，法人代表或其委托人签字加盖法人单位公章，应填写《工程开/复工报审表》，报请监理、建设单位审批。符合开工条件，由监理单位总监理工程师、建设单位项目法人签字，加盖公章后即可开工。

(2) 工程施工过程中发生停工的事件时，由相关单位提出停工要求，填写工程停工报告，建设单位或建筑主管单位批准备案。

(3) 当具备复工条件时填写《工程复工报告》，报监理单位总监理工程师或建设单位项目负责人审批。

5. 《隐蔽工程验收记录》

6. 《混凝土施工记录》

混凝土施工记录是结构工程施工过程中一项重要记录，内容包括：施工的时间、结构部位、天气、施工起始时间及结束时间，施工中制作的试块组数和制作时间等内容。

7. 《混凝土开盘鉴定单》

8. 《混凝土浇筑申请单》

混凝土浇筑申请书是在正式浇筑混凝土前，由施工单位检查各项准备工作（如钢筋、模板工程检查）自检合格后填写混凝土浇筑申请单报监理单位批准浇筑混凝土。

9.《主体结构验收记录》

主体结构工程的验收，既是对主体结构工程的质量评定认证，也是一个单位工程最重要的隐蔽检测。主体工程结构竣工后，下步工序施工将对其遮盖，其质量好坏直接涉及工程结构安全的可靠度，所以，施工单位必须及时请建设单位、设计单位等对工程进行验收，并请质量监督部门进行监督。

（1）主体结构工程验收程序

1）由相当于施工队一级的技术负责人组织部分工程质量评定；

2）由施工企业技术和质量部门组织质量核定；

3）由建设单位、监理单位、施工单位和设计结构负责人共同对主体结构工程进行验收签证；

4）报请当地质量监督部门进行监督。

（2）主体结构工程验收内容

1）观感质量检查的主要内容

主体结构工程观感质量检查的主要内容有：钢筋、混凝土、构件安装、预应力混凝土、砌砖、砌石、钢结构制作、焊接、螺栓连接、安装和钢结构油漆等。

2）技术资料检查

主体结构验收时，应核查的技术资料主要有：原材料试验，施工试验，施工记录，隐预检、工程洽商，工程质量检验评定，水、暖、卫及电气安装技术资料等。

课堂活动

1. 教师引导学生找出《施工日记》、《开工/复工报审》、《隐蔽工程验收记录》、《混凝土施工记录》、《主体结构验收记录》的相关规定。

2. 填写《工程开工/复工报审表》（表2-68）。

工程开工/复工报审表　　　　　　　　　　　　　表 2-68

工程名称：　　　　　　××学院××校区1号学生宿舍楼

致：　　　　　　　　　　　××监理公司　　　　　（监理单位） 我方承担的　　××学院××校区1号学生宿舍楼　　工程，已完成了以下各项工作，具备了开工/复工条件，特此申请施工，请核查并签发　开工/复工　指令。 附件：　　　开工报告　1份 　　　　　　证明文件　1份 　　　　　　　　　　　　　　　　承包单位（章）：＿＿＿＿＿＿＿＿ 　　　　　　　　　　　　　　　　项目经理：＿＿＿＿＿＿＿＿＿ 　　　　　　　　　　　　　　　　日　期：＿＿×年×月×日＿
审查意见： 条件具备，同意复工 　　　　　　　　　　　　　　　　项目监理机构：＿＿＿＿＿＿＿＿ 　　　　　　　　　　　　　　　　总监理工程师：＿＿＿＿＿＿＿＿ 　　　　　　　　　　　　　　　　日　期：＿＿×年×月×日＿

注：本表各相关单位各存一份。

（1）《工程开工/复工报审表》填表说明

1）填写依据

项目实施过程中实际发生各种情况，包括来往通知、意外或突发事件等。

2）填写要点

① 工程名称应填写名称的全称，与合同文件上的单位工程的名称相一致；

② 施工单位应填写名称全称，与合同上公章名称相一致。

3. 填写《主体结构工程验收报告》（表 2-69）。

结构（地基与基础、主体）工程验收报告　　　　　　表 2-69

监督号：　　　　　　　　　　　　　　　××

建设单位及工程名称		××学院　　××学院××校区 1 号学生宿舍楼			
施工单位名称		××建设工程公司			
结构类型	砖混	层数	6 层	建筑面积（m²）或规模	
施工起始日期	×年×月×日		验收日期	×年×月×日	
验收方案	1. 由施工单位质检部门组织有关人员进行自检，合格后报建设单位。 2. 由监理单位组织各大责任主体单位检查验收主体技术资料、实体测量、实测实量				
验收内容	1. 外观质量。2. 实测实量。3. 技术资料				
施工单位验收意见：　　　　　合格 技术负责人：　　　××　　　（公章） ×年×月×日			监理单位验收意见：　　　　　合格 项目总监理工程师：　　××　　　（公章） ×年×月×日		
设计单位验收意见：　　　　　合格 技术负责人：　　××× 　（公章） ×年×月×日			建设单位验收结果：　　　　　合格 项目负责人：　　××× 项目法人：　　×××　　　（公章） ×年×月×日		
勘察单位验收意见： 技术负责人：　　　　　（公章）			报告日期：　　　　　×年×月×日 接收日期：　　　　　×年×月×日 接收人：　　×××		

（1）《主体结构工程验收记录》填写说明

1）建设单位、施工单位、工程名称填写全称。

2）验收方案一般包括：

① 由施工单位质检部门组织有关人员进行自检，合格后报建设单位。

② 由监理单位组织各大责任主体单位检查验收技术资料、实体测量、实测实量。

3）验收内容包括：

① 外观质量混凝土构件及预埋件截面尺寸正确，外光内实，表面平整；

② 实测实量、轴线尺寸、标高；

③ 工程技术资料随工程进度积累，功能检测资料齐全。混凝土强度等级符合设计要求。

4）验收意见填合格。

2.3.2 材料合格证及试验报告

知识构成

1. 会正确收集和整理钢筋、水泥、砂子、防水材料、烧结砖、混凝土砌块等材料的出厂合格证、出厂检验报告、进场复验报告等。

2. 商品混凝土质量证明书及汇总、配合比试验报告及汇总。

（本部分内容参照本书 2.2.2 节，此处略）

2.3.3 施工质量验收记录

知识构成

施工质量验收记录、单位（子单位）工程竣工验收资料包括检验批施工质量验收记录、分项工程施工质量验收记录、分部（子分部）工程施工质量验收记录、单位（子单位）工程施工质量竣工验收资料，及相应的施工质量控制资料核查记录、安全和功能检验资料核查及主要功能抽查记录、施工观感质量检查评价记录等内容，施工质量验收按《建筑工程施工质量验收统一标准》GB 50300—2013 规定执行。

（1）检验批施工质量验收记录

（2）分项工程施工质量验收记录

（3）分部（子分部）工程质量验收记录

分部工程的验收是质量控制的一个重点，分部工程的质量是由其所包含的分项工程的质量通过统计来确定的。

分部工程、子分部工程施工质量验收资料的编制整理，均包括质量控制资料核查记录、安全和功能检验资料核查及主要功能抽查记录、观感质量检查评价记录资料，不同的只是工程质量验收记录表填写不同。

"分部（子分部）工程质量验收记录"应由施工单位将自行检查评定合格的表填写好后由项目经理交监理单位或建设单位验收。主体分部工程在检查验收时，由总监理工程师组织建设单位项目负责人、施工项目经理及设计单位和勘察单位项目负责人进行验收并签署意见，按表的要求进行记录。

课堂活动

1. 展示教师收集到的已填好的主体结构工程资料。

2. 结合工程实例（项目 4 后附图），让学生分组讨论检验批划分方案，列出学生宿舍工程主体工程施工阶段相关资料的名称，编制《检验批划分计划表》（表2-70）。

表 2-70

序号	分部工程质量验收记录	子分部工程质量验收记录	分项工程质量验收记录	检验批质量验收记录表格及验收部位
1				一层 GZ
2				二层 GZ
3				三层 GZ
4				四层 GZ
5				五层 GZ
6				六层 GZ
7			模板安装	一层 L/B/LT
8				二层 L/B/LT
9				三层 L/B/LT
10				四层 L/B/LT
11				五层 L/B/LT
12			模板工程	六层 L/B/LT
13				一层 GZ
14				二层 GZ
15				三层 GZ
16				四层 GZ
17				五层 GZ
18				六层 GZ
19			模板拆除	一层 L/B/LT
20	主体结构	混凝土工程		二层 L/B/LT
21				三层 L/B/LT
22				四层 L/B/LT
23				五层 L/B/LT
24				六层 L/B/LT
25				GZ
26				一层 L/B/LT
27				二层 L/B/LT
28			钢筋原材料	三层 L/B/LT
29				四层 L/B/LT
30				五层 L/B/LT
31				六层 L/B/LT
32			钢筋工程	GZ
33				一层 L/B/LT
34				二层 L/B/LT
35			钢筋加工	三层 L/B/LT
36				四层 L/B/LT
37				五层 L/B/LT
38				六层 L/B/LT
39			钢筋安装	一层 GZ
40				二层 GZ

续表

序号	分部工程质量 验收记录	子分部工程质 量验收记录	分项工程质量 验收记录	检验批质量验收记录 表格及验收部位
41				三层 GZ
42				四层 GZ
43				五层 GZ
44				六层 GZ
45			钢筋工程	钢筋安装 一层 L/B/LT
46				二层 L/B/LT
47				三层 L/B/LT
48				四层 L/B/LT
49				五层 L/B/LT
50				六层 L/B/LT
51				钢筋焊接 GZ
52				L/B/LT
53				混凝土配合比
54				一层
55				二层
56				混凝土原材 三层
57	主体结构	混凝土工程		料 四层
58				五层
59				六层
60			混凝土工程	一层 GZ
61				二层 GZ
62				三层 GZ
63				四层 GZ
64				五层 GZ
65				混凝土施工 六层 GZ
66				一层 L/B/LT
67				二层 L/B/LT
68				三层 L/B/LT
69				四层 L/B/LT
70				五层 L/B/LT
71				六层 L/B/LT
72				一层
73				二层
74			现浇结构	三层
75				四层
76				五层
77				六层
78				一层
79				二层
80				三层
81		砌体结构	砖砌体	四层
82				五层
83				六层
84				女儿墙

3. 结合工程实例（项目 4 后附图），按照《建筑工程施工质量验收统一标准》GB 50300—2013、《混凝土结构工程施工质量验收规范》GB 50204—2015 和《砌体结构工程施工质量验收规范》GB 50203—2011 的规定，教师引导学生填写建筑主体分部工程质量验收记录表、各子分部工程质量验收记录表、各分项工程质量验收记录表及各检验批质量验收记录表。

（1）主体结构分部工程质量验收记录（表 2-71）

主体结构分部工程质量验收记录　　　　　　　　　表 2-71

GB 50300—2013　　　　　　　　　　　　　　　　　　　　　　　　　桂建质 02

单位（子单位）工程名称	××××楼	子分部工程数量		分项工程数量	
施工单位	××建筑公司	项目负责人	××	技术（质量）负责人	××
分包单位		分包单位负责人		分包内容	

序号	子分部工程名称	分项工程数	施工单位检查评定	验收组验收意见
1	混凝土结构	4	√	（验收意见、合格或不合格的结论、是否同意验收）
2	劲钢（管）混凝土结构			
3	砌体结构	1	√	所含子分部无遗漏并全部合格。本分部合格，同意验收
4	钢结构			
5	木结构			
6	网架和索膜结构			

质量控制资料检查结论	共17项，经查符合要求17项，经核定符合规范要求0项	安全和功能检验（检测）报告检查结论	共核查6项，符合要求6项，经返工处理符合要求0项

观感质量验收结论	1. 共抽查10项，符合要求10项，不符合要求0项。 2. 观感质量评价（好、一般、差）：好 （按相应检验批验收记录表如桂建质 020105（I）、020301 等表的相应要求验收）

施工单位	设计单位	监理单位	勘察单位
项目负责人：	项目负责人：	总监理工程师：	项目负责人：
（公章） ××年××月××日	（公章） ××年××月××日	（公章） ××年××月××日	（公章） ××年××月××日

注：1. 质量控制资料、安全和功能检验（检测）报告检查情况可查阅有关的子分部工程质量验收记录（如桂建质 0201、0203 表），或直接查阅原件，统计整理后填入本表。
　　2. 本验收记录尚应有各有关子分部工程质量验收记录作附件。
　　3. 观感质量验收由总监理工程师或建设单位项目专业负责人组织并以其为主，听取参验人员意见后作出评价，如评为"差"时，能修的尽量修，若不能修，只要不影响结构安全和使用功能，可协商接收，并在"验收组验收意见"栏中注明。

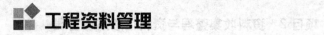

（2）混凝土结构子分部工程质量验收记录（表2-72）

混凝土结构子分部工程质量验收记录　　　　　　　　表 2-72

GB 50204—2015　　　　　　　　　　　　　　　　　　　　　桂建质 0201

单位（子单位）工程名称	××××楼	分部工程名称		分项工程数量	
施工单位	××建筑公司	项目负责人	××	技术（质量）负责人	××
分包单位		分包单位负责人		分包内容	

序号	分项工程名称	检验批数	施工单位检查评定	监理（建设）单位验收意见
1	模板	28	√	（验收意见、合格或不合格的结论、是否同意验收）
2	钢筋	14	√	
3	混凝土	14	√	
4	预应力			
5	现浇结构	14	√	所含分项无遗漏并全部合格，本子分部合格，同意验收
6	装配式结构			

质量控制资料检查结论	（按附表第1~19项检查）共 8 项，经查符合要求 8 项，经核定符合规范要求　项	安全和功能检验（检测）报告检查结论	（按附表第20~23项检查）共核查 4 项，符合要求 4 项，经返工处理符合要求　项

观感验收记录	1. 共抽查　项，符合要求　项，不符合要求　项。 2. 观感质量评价（好、一般、差）：好

施工单位	设计单位	监理单位	勘察单位
项目负责人：	项目负责人：	总监理工程师：	项目负责人：
××年××月××日	××年××月××日	××年××月××日	××年××月××日

注："经核定符合规范要求　项"是指初验未通过的项目，按《建筑工程施工质量验收统一标准》GB 50300—2013 第 5.0.6 条处理的情况。

（3）砌体结构子分部工程质量验收记录（表 2-73）

砌体结构子分部工程质量验收记录　　　　　　　　　　　**表 2-73**

GB 50203—2011　　　　　　　　　　　　　　　　　　　　　桂建质 0203

单位（子单位）工程名称	××××楼		分部工程名称			分项工程数量	
施工单位	××建筑公司		项目负责人	××		技术（质量）负责人	××
分包单位			分包单位负责人			分包内容	
序号	分项工程名称	检验批数	施工单位检查评定		监理（建设）单位验收意见		
1	砖砌体	7	✓		（验收意见、合格或不合格的结论、是否同意验收）		
2	混凝土小型空心砌块砌体						
3	石砌体				所含分项无遗漏并全部合格，本子分部合格，同意验收		
4	填充墙砌体						
5	配筋砌体						
质量控制资料检查结论	（按附表第 1～16 项检查）共 10 项，经查符合要求 10 项，经核定符合规范要求 0 项		安全和功能检验（检测）报告检查结论		（按附表第 17～20 项检查）共核查 2 项，符合要求 2 项，经返工处理符合要求 0 项		
观感验收记录	1. 共抽查 10 项，符合要求 10 项，不符合要求 0 项。2. 观感质量评价（好、一般、差）：好						
施工单位	设计单位		监理单位		勘察单位		
项目负责人：　　　　　　××年××月××日	项目负责人：　　　　　　××年××月××日		总监理工程师：　　　　　　××年××月××日		项目负责人：　　　　　　××年××月××日		

注："经核定符合规范要求　　项"是指初验未通过的项目，按《建筑工程施工质量验收统一标准》GB 50300—2013 第 5.0.6 条处理的情况。

　　主体结构分部工程中各子分部所包含的分项工程质量验收表和检验批质量验收表的填写参照本书 2.2.4 节，此处略。

2.3.4　施工试验 安全和功能检验报告

知识构成

1. 钢筋焊接接头、机械连接接头试验报告

2. 砌筑砂浆

（1）砌筑工程施工前应委托试验单位出具《砂浆配合比试验报告》，砌筑工程施工过程中的砌筑砂浆按规定留置龄期为 28 天的标准养护试件，取样数量执行规定要求，并实行见证取样和送检，由试验单位出具《砂浆抗压强度检测报告》。

（2）砂浆施工试验报告。

（3）整理要求。砂浆的施工试验资料包括：

1）砂浆配合比申请表；

2）砂浆配合比通知单；

3）砂浆强度试压报告。

应将上述施工试验资料按照时间先后顺序收集在一起，不得有遗漏，并建立试验台账。

3. 混凝土

（1）混凝土施工前施工单位应委托检测机构进行混凝土强度配合比试验，试验单位出具《混凝土配合比试验报告》。

（2）施工过程中施工单位应按规定留置龄期为 28 天的标准养护试件和同条件养护试件，取样数量执行规定要求，并实行见证取样和送检，填写《混凝土委托单》由检测单位出具《混凝土抗压强度检测报告》。冬期施工还应有受冻临界强度和负温转入常温 28 天同条件试件的抗压强度检测报告。有特殊性能要求的混凝土，应有专项试验检测资料。

（3）混凝土施工试验报告。

（4）整理要求。混凝土的施工试验资料包括：

1）混凝土配合比申请表；

2）混凝土配合比通知单；

3）混凝土强度试压报告；

4）混凝土试件抗压强度统计评定表；

5）预拌混凝土（商品混凝土）出厂合格证。

应将上述施工试验资料按照时间先后顺序收集在一起，不得有遗漏，并建立试验台账。

4. 混凝土结构实体检验

按照规定要对混凝土钢筋保护层厚度、混凝土实体强度进行结构实体检验，并实行见证取样，确定检测部位，委托检测机构检测，由检测机构检测出具结构同条件养护试件的《凝土抗压强度检测报告》和《钢筋保护层厚度检测报告》。

5. 建筑物垂直度、标高、全高测量

施工单位在结构工程施工过程中和工程竣工时，选定测量点及测量次数，对建筑物垂直度和全高进行实测，填写《建筑物垂直度、标高、全高测量记录》。

6. 建筑物沉降观测记录

施工单位依据观测方案，按工程形象（载荷阶段）进行测量和记录各沉降观测点的沉降值，整理填写沉降观测成果表、绘制沉降观测点分布图及沉降曲线图，编制沉降观测分析报告。

7. 地面蓄水试验记录

有防水要求的工程项目应有蓄水检查记录，检查蓄水方式、蓄水时间、蓄水深度、水落口及边缘封堵情况和有无渗漏现象等内容。有防水要求的地面工程应进行蓄水检验，填写《防水工程淋（蓄）水检验记录》。

8. 墙体保温性能检测建筑工程完工后，应对外场进行保温性能检测，由检测机构出具《墙体传热系数检测报告》。

9. 室内环境污染物检测

民用建筑工程应按照现行国家规范要求，工程交付使用前对室内环境污染物浓度进行检测，由建设单位填写《室内环境污染物检测委托单》。委托检测机构进行检测，出具《室内环境污染物检测报告》。

课堂活动

1.《钢筋焊接接头、机械连接接头试验报告》

（1）教师引导学生了解《钢筋焊接接头、机械连接接头试验报告》的相关规定。

（2）引导学生学会收集整理《钢筋焊接接头、机械连接接头试验报告》。

（3）教师指导学生查看试验报告单中字迹是否清晰，签章是否齐全，结论是否明确，试验日期是否符合要求。

（4）并将不同的实验报告的编号、部位、送检日期、试验日期、代表批量、试验结论等内容分别填入钢筋焊接接头、机械连接接头试验试验统计台账。

（5）钢筋焊接接头、机械连接接头试验要注意每一次试验的代表批量，结构部位。

2. 结合施工图纸，填写《建筑物垂直度、标高、全高检查记录》（表 2-74）。

建筑物垂直度、标高、全高检查记录　　　　　　　　　　　　　　　　表 2-74

工程名称：××学院××校区 1 号学生宿舍楼										施工单位：××建设工程公司
检查部位：设计标高（全高）										监理单位检查结论：符合要求
垂直度允许偏差（mm）	5	3	3	5	6	2	4	4	5	3	合格
标高（全高）允许偏差（mm）	−9	12	3	5	−12	−6					合格
施工单位评定结果	符合设计要求及规范规定 项目专业质量检查员：×××　　　　×年×月×日										
监理单位验收结论	合格 监理工程师：×××　　　　×年×月×日										

3. 结合施工图纸，填写《建筑物沉降观测记录》（表 2-75）

建筑物沉降观测记录　　　　　　　　　　　　　　　　表 2-75

工程名称：　　　　　　　　　××学院××校区 1 号宿舍楼

	观测点编号	第一次			第二次			第三次			第四次		
		×年×月×日			×年×月×日			×年×月×日			×年×月×日		
沉降观测结果表		标高（m）	沉降量（mm）		标高（m）	沉降量（mm）		标高（m）	沉降量（mm）		标高（m）	沉降量（mm）	
			本次	累计		本次	累计		本次	累计		本次	累计
	1	0.211	0	0	0.211	0	0	0.21	0	0	0.21	1	1
	2	0.211	0	0	0.211	0	0	0.21	1	1	0.21	1	1
	3	0.212	0	0	0.211	1	1	0.21	1	2	0.21	0	2
	4	0.211	0	0	0.211	0	0	0.21	1	1	0.209	1	2

续表

观测点编号	第一次 ×年×月×日			第二次 ×年×月×日			第三次 ×年×月×日			第四次 ×年×月×日		
	标高(m)	沉降量(mm) 本次	累计	标高(m)	沉降量(mm) 本次	累计	标高(m)	沉降量(mm) 本次	累计	标高(m)	沉降量(mm) 本次	累计
5	0.217	0	0	0.217	0	0	0.216	1	1	0.215	1	2
6	0.213	0	0	0.213	0	0	0.212	1	1	0.211	1	2
7	0.215	0	0	0.214	1	1	0.213	1	2	0.212	1	3
8	0.219	0	0	0.218	1	1	0.217	1	2	0.216	1	3
工程状态	一层封顶			二层封顶			三层封顶			四层封顶		

沉降观测结果表

施工单位:(章)×××　　　工程项目技术负责人:×××　　　观测:×××　　　记录:×××

4. 结合施工图纸,填写《有防水要求的地面蓄水试验记录》(表 2-76)

有防水要求的地面蓄水试验记录　　　　　　　　　表 2-76

工程名称:××学院 ××校区 1 号宿舍楼

序号	试验部位	蓄水时间(h)	蓄水量(h=cm)	试验日期	发现问题处理结果	简图说明
1	一层卫生间	24	2	×年×月×日	无渗漏	
2	二层卫生间	24	2	×年×月×日	无渗漏	
3	三层卫生间	24	2	×年×月×日	无渗漏	
试验方法	蓄水从×年×月×日开始同时通知监理单位查看蓄水量			蓄水情况	蓄水深度不小于2cm	

施工单位项目经理:×××　　项目专业质量检察员:×××　　监理工程师(建设单位项目负责人):×××

×年×月×日

任务 2.4　建筑装饰装修工程施工阶段资料编制和收集

任务描述

建筑装饰装修工程施工阶段资料编制和收集共一个任务:列出建筑装饰装修工程施工阶段相关资料的名称、编制检验批划分计划;正确填写建筑装饰装修工程施工阶段施工质量验收记录。

通过本工作任务的学习,学生能够学会根据施工图填写建筑装饰装修分部工程质量验收记录表、建筑装饰装修工程各子分部工程质量验收记录表、各分项工程质量验收记录及各检验批质量验收记录。

知识构成

1. 建筑装饰装修是指为保护建筑物的主体结构、完善建筑物的使用功能和美化建筑物，采用装饰装修材料或饰物，对建筑物的内外表面及空间进行的各种处理过程。

2. 建筑装饰装修分部工程资料是指工程在建筑装饰装修施工过程中形成的资料，包括施工技术资料、施工物资资料、施工记录、施工试验记录、施工质量验收记录等。本任务重点介绍建筑装饰装修工程施工质量验收记录的填写。

填写施工质量验收记录之前，首先应当了解建筑装饰装修工程质量验收记录由哪些资料组成，熟悉掌握各部分质量验收记录各由什么单位提供，哪些资料需要填写，而哪些资料只需要收集等知识。

3. 常用的建筑装饰装修工程施工质量验收记录包括分部工程质量验收记录、分部（子分部）工程质量验收记录、分项工程质量验收记录和检验批质量验收记录。施工开工之前，应由施工单位制定出分项工程和检验批的划分方案，并交由监理单位审核。

课堂活动

1. 展示教师收集到的已填好的建筑装饰装修工程资料。

2. 结合工程实例（项目 4 后附图），让学生分组讨论检验批划分方案，列出学生宿舍工程建筑装饰装修工程施工阶段相关资料的名称，编制《检验批划分计划表》（表 2-77）。

检验批划分计划表　　　　　　　　　　　　　　　　　　　　　　　表 2-77

序号	分部工程质量验收记录	子分部工程质量验收记录	分项工程质量验收记录	检验批质量验收记录表格及验收部位
1	建筑装饰装修工程	建筑地面	基层	基土	1 层①～㉖/Ⓐ～Ⓥ轴基土
2					1 层室外工程基土
3				水泥混凝土垫层和陶粒混凝土垫层	1 层①～㉖/Ⓐ～Ⓥ轴垫层
4					1 层台阶垫层
5					1 层暗沟垫层
6				碎石垫层和碎砖垫层	1 层室外工程无障碍坡道、坡道、散水垫层
7				找平层	2 层楼面找平层
8					3 层楼面找平层
9					4 层楼面找平层
10					5 层楼面找平层
11					6 层楼面找平层
12					

续表

序号	分部工程质量验收记录	子分部工程质量验收记录	分项工程质量验收记录	检验批质量验收记录表格及验收部位	
13			整体面层	细石混凝土面层	室外工程无障碍坡道混凝土面层
14				水泥砂浆面层	室外工程坡道水泥砂浆面层
15					1层公共卫生间、寝室卫生间、阳台地砖
16					2层公共卫生间、寝室卫生间、阳台地砖
17					3层公共卫生间、寝室卫生间、阳台地砖
18					4层公共卫生间、寝室卫生间、阳台地砖
19					5层公共卫生间、寝室卫生间、阳台地砖
20					6层公共卫生间、寝室卫生间、阳台地砖
21		建筑地面	板块面层	砖面层	室外工程台阶地砖
22					1层宿舍、走廊、楼梯间、活动室、会客室、管理室地砖
23					2层宿舍、走廊、楼梯间、活动室地砖
24					3层宿舍、走廊、楼梯间、活动室地砖
25					4层宿舍、走廊、楼梯间、活动室地砖
26					5层宿舍、走廊、楼梯间、活动室地砖
27					6层宿舍、走廊、楼梯间、活动室地砖
28				大理石面层和花岗石面层	底层门厅平台花岗石地面
29	建筑装饰装修工程				1层公共卫生间、寝室卫生间室内墙面
30					2层公共卫生间、寝室卫生间室内墙面
31					3层公共卫生间、寝室卫生间室内墙面
32					4层公共卫生间、寝室卫生间室内墙面
33					5层公共卫生间、寝室卫生间室内墙面
34					6层公共卫生间、寝室卫生间室内墙面
35					1层阳台室内墙面
36					2层阳台室内墙面
37					3层阳台室内墙面
38					4层阳台室内墙面
39		抹灰	一般抹灰	一般抹灰	5层阳台室内墙面
40					6层阳台室内墙面
41					1层除墙裙外寝室、走廊、楼梯间、门厅、活动室、会客室、管理室内墙面
42					2层除墙裙外寝室、走廊、楼梯间、门厅、活动室室内墙面
43					3层除墙裙外寝室、走廊、楼梯间、门厅、活动室室内墙面
44					4层除墙裙外寝室、走廊、楼梯间、门厅、活动室室内墙面
45					5层除墙裙外寝室、走廊、楼梯间、门厅、活动室室内墙面

续表

序号	分部工程质量验收记录	子分部工程质量验收记录	分项工程质量验收记录	检验批质量验收记录表格及验收部位
46	建筑装饰装修工程	抹灰	一般抹灰	6 层除墙裙外寝室、走廊、楼梯间、门厅、活动室室内墙面
47				1～6 层走廊、门厅、楼梯间墙裙处室内墙面
48				4～6 层走廊、门厅、楼梯间墙裙处室内墙面
49				1 层寝室、公共阳台、雨篷、走廊、配电室顶棚
50				2 层寝室、公共阳台、雨篷、走廊、配电室顶棚
51				3 层寝室、公共阳台、雨篷、走廊、配电室顶棚
52				4 层寝室、公共阳台、雨篷、走廊、配电室顶棚
53				5 层寝室、公共阳台、雨篷、走廊、配电室顶棚
54				6 层寝室、公共阳台、雨篷、走廊、配电室顶棚
55			一般抹灰	1 层寝室阳台顶棚
56				2 层寝室阳台顶棚
57				3 层寝室阳台顶棚
58				4 层寝室阳台顶棚
59				5 层寝室阳台顶棚
60				6 层寝室阳台顶棚
61				1 层寝室卫生间顶棚
62				2 层寝室卫生间顶棚
63				3 层寝室卫生间顶棚
64				4 层寝室卫生间顶棚
65				5 层寝室卫生间顶棚
66				6 层寝室卫生间顶棚
67				①～㉖轴立面外墙乳胶漆墙面一般抹灰
68				⑪-Ⓐ、Ⓐ～Ⓚ轴立面外墙乳胶漆墙面一般抹灰
69				Ⓜ/⑥～㉖轴外墙乳胶漆墙面一般抹灰
70				外墙面砖墙面一般抹灰
71		门窗	特种门安装	1～6 层甲级防火平开门 M0921 甲
72				1～6 层乙级防火平开门 FM 乙 1821
73				1～6 层甲级防火窗 C0609 甲
74				1～6 层金属防盗保温门 M1521
75				1～6 层金属防盗保温门 M1821
76			特种门安装	1 层金属防盗保温门 M1021
77				2 层金属防盗保温门 M1021
78				3 层金属防盗保温门 M1021
79				4 层金属防盗保温门 M1021
80				5 层金属防盗保温门 M1021
81				6 层金属防盗保温门 M1021
82			金属门窗安装	1～6 层 90 系列彩钢玻璃地弹门 M4226
83			金属门窗安装	1～6 层 90 系列彩钢玻璃地弹门 M3628
84				1～6 层 70 系列彩钢百叶平开门 BYM1526
85				1～6 层 70 系列彩钢百叶平开门 BYM0926

序号	分部工程质量验收记录	子分部工程质量验收记录	分项工程质量验收记录	检验批质量验收记录表格及验收部位
86				1～3 层 70 系列塑钢全板平开门 M0721
87				4～6 层 70 系列塑钢全板平开门 M0721
88				1～6 层 70 系列塑钢全板双面弹簧门 TM0921
89				1～3 层 70 系列彩钢推拉窗 C2018
90				4～6 层 70 系列彩钢推拉窗 C2018
91		金属门窗安装	金属门窗安装	1～3 层 70 系列彩钢中悬窗 C0609
92				4～6 层 70 系列彩钢中悬窗 C0609
93				1～3 层 70 系列彩钢推拉窗 C1218
94				1～6 层 70 系列彩钢组合推拉窗 C1527
95				1～6 层 70 系列彩钢固定窗 C1018
96				1～6 层 70 系列彩钢上悬窗 C0517
97				1～6 层 70 系列彩钢中悬窗 C0627
98				1～6 层 70 系列彩钢固定窗 C0607
99	建筑装饰装修工程	门窗	门窗玻璃安装	1～6 层 10mm 厚钢化玻璃彩钢门 M4226
100				1～6 层 10mm 厚钢化玻璃彩钢门 M3628
101				1～6 层 5mm 厚浮法玻璃彩钢门 BYM1526
102				1～6 层 5mm 厚浮法玻璃彩钢门 BYM0926
103				1～3 层 5mm 厚浮法玻璃彩钢窗 C0609
104				4～6 层 5mm 厚浮法玻璃彩钢窗 C0609
105			门窗玻璃安装	1～6 层 5mm 厚浮法玻璃彩钢窗 C1527
106				1～6 层 5mm 厚浮法玻璃彩钢窗 C1018
107				1～6 层 5mm 厚浮法玻璃彩钢窗 C0517
108				1～3 层透明浮法中空玻璃彩钢窗 C2018
109				4～6 层透明浮法中空玻璃彩钢窗 C2018
110				1～6 层透明浮法中空玻璃彩钢窗 C1018
111				1～6 层透明浮法中空玻璃彩钢窗 C0627
112				1～6 层透明浮法中空玻璃彩钢窗 C0607
113		吊顶	暗龙骨吊顶	暗龙骨吊顶	1～6 层公共卫生间铝合金条板吊顶
114				1～6 层门厅、走廊 600mm×600mm 装饰矿棉吊顶
115				1 层卫生间白瓷砖墙面
116				2 层卫生间白瓷砖墙面
117				3 层卫生间白瓷砖墙面
118				4 层卫生间白瓷砖墙面
119				5 层卫生间白瓷砖墙面
120		饰面（板）砖	饰面砖粘贴	内墙饰面砖粘贴	6 层卫生间白瓷砖墙面
121				1 层阳台白瓷砖墙面
122				2 层阳台白瓷砖墙面
123				3 层阳台白瓷砖墙面
124				4 层阳台白瓷砖墙面
125				5 层阳台白瓷砖墙面

续表

序号	分部工程质量验收记录	子分部工程质量验收记录	分项工程质量验收记录	检验批质量验收记录表格及验收部位
126		饰面（板）砖	饰面砖粘贴	6 层阳台白瓷砖墙面
127			内墙饰面砖粘贴	1～3 层走廊、门厅、楼梯间墙裙浅色内墙瓷砖
128				4～6 层走廊、门厅、楼梯间墙裙浅色内墙瓷砖
129			外墙饰面砖粘贴	外墙面砖墙面
130			饰面板安装	外墙饰面板安装	外墙花岗石墙面
131		幕墙	玻璃幕墙	玻璃幕墙	1～6 层玻璃幕墙
132	建筑装饰装修工程	涂饰	水性涂料涂饰	涂料（水性、美术）涂饰工程	1 层除墙裙外寝室、走廊、楼梯间、门厅、活动室、会客室、管理室室内乳胶漆墙面
133					2 层除墙裙外寝室、走廊、楼梯间、门厅、活动室室内乳胶漆墙面
134					3 层除墙裙外寝室、走廊、楼梯间、门厅、活动室室内乳胶漆墙面
135					4 层除墙裙外寝室、走廊、楼梯间、门厅、活动室室内乳胶漆墙面
136					5 层除墙裙外寝室、走廊、楼梯间、门厅、活动室室内乳胶漆墙面
137					6 层除墙裙外寝室、走廊、楼梯间、门厅、活动室室内乳胶漆墙面
138					1 层寝室、公共阳台、雨篷乳胶漆顶棚
139					2 层寝室、公共阳台、雨篷乳胶漆顶棚
140					3 层寝室、公共阳台、雨篷乳胶漆顶棚
141					4 层寝室、公共阳台、雨篷乳胶漆顶棚
142					5 层寝室、公共阳台、雨篷乳胶漆顶棚
143					6 层寝室、公共阳台、雨篷乳胶漆顶棚
144					①～㉖轴立面外墙乳胶漆墙面
145					⑪～Ⓐ、Ⓐ～Ⓚ轴立面外墙乳胶漆墙面
146					Ⓜ/⑥～㉖轴外墙乳胶漆墙面
147			溶剂型涂料涂饰	涂料（溶剂型）涂饰工程	1 层寝室阳台白色仿瓷涂料顶棚
148					2 层寝室阳台白色仿瓷涂料顶棚
149					3 层寝室阳台白色仿瓷涂料顶棚
150					4 层寝室阳台白色仿瓷涂料顶棚
151					5 层寝室阳台白色仿瓷涂料顶棚
152					6 层寝室阳台白色仿瓷涂料顶棚
153					1 层寝室卫生间白色仿瓷涂料顶棚
154					2 层寝室卫生间白色仿瓷涂料顶棚
155					3 层寝室卫生间白色仿瓷涂料顶棚
156					4 层寝室卫生间白色仿瓷涂料顶棚
157					5 层寝室卫生间白色仿瓷涂料顶棚
158					6 层寝室卫生间白色仿瓷涂料顶棚
159					1～6 层走廊、配电室白色仿瓷涂料顶棚
160		细部	护栏和扶手制作与安装	护栏和扶手制作与安装	1 号楼梯
161					3 号楼梯

（1）《检验批划分计划表》填表说明

分部工程、子分部工程、分项工程的划分标准已在《建筑工程施工质量验收统一标准》GB 50300—2013 中全部列出，本项目结合图纸情况参照划分。检验批划分的实质，是对分项工程验收批数量的确定，一个分项工程根据工程特点的不同可分为一个或若干检验批。建筑装饰装修各分项工程检验批可按下列标准划分：

1）建筑地面子分部

① 基层（各构造层）和各类面层的分项工程的施工质量验收应按每一层次或每层施工段（或变形缝）划分检验批，高层建筑的标准层可按每三层（不足三层按三层计）划分检验批。

② 室外工程中，散水、台阶、明沟和坡道等附属工程纳入相应的地面分项中，划分为一个或若干个检验批。

2）抹灰子分部

① 相同材料、工艺和施工条件的室外抹灰工程每 $500\sim1000m^2$ 应划分为一个检验批，不足 $500m^2$ 也应划分为一个检验批。

② 相同材料、工艺和施工条件的室内抹灰工程每 50 个自然间（大面积房间和走廊按抹灰面积 $30m^2$ 为一间）应划分为一个检验批，不足 50 间也应划分为一个检验批。

3）门窗子分部

① 同一品种、类型和规格的木门窗、金属门窗、塑料门窗及门窗玻璃每 100 樘应划分为一个检验批，不足 100 樘也应划分为一个检验批。

② 同一品种、类型和规格的特种门每 50 樘应划分为一个检验批，不足 50 樘也应划分为一个检验批。

4）吊顶子分部

同一品种的吊顶工程每 50 间（大面积房间和走廊按吊顶面积 $30m^2$ 为一间）应划分为一个检验批，不足 50 间也应划分为一个检验批。

5）轻质隔墙子分部

同一品种的轻质隔墙工程，每 50 间（大面积房间和走廊吊顶面积 $30m^2$ 为一间）划分为一个检验批，不足 50 间另划为一个检验批。

6）饰面板（砖）子分部

① 相同材料、工艺和施工条件的室内饰面板（砖）工程每 50 间（大面积房间和走廊按施工面积 $30m^2$ 为一间）应划分为一个检验批，不足 50 间也应划分为一个检验批。

② 相同材料、工艺和施工条件的室外饰面板（砖）工程每 $500\sim1000m^2$ 应划分为一个检验批，不足 $500m^2$ 也应划分为一个检验批。

7）幕墙子分部

① 相同设计、材料、工艺和施工条件的幕墙工程每 $500\sim1000m^2$ 应划分为一个检验批，不足 $500m^2$ 也应划分为一个检验批。

② 同一单位工程的不连续的幕墙工程应单独划分检验批。

③ 对于异型或有特殊要求的幕墙工程，检验批的划分应根据幕墙的结构、工艺特点及幕墙工程规模，由监理单位（或建设单位）和施工单位协商确定。

8）涂饰子分部

① 室外涂饰工程每一栋楼的同类涂料涂饰的墙面每 $500\sim1000m^2$ 应划分为一个检验批，不足 $500m^2$ 也应划分为一个检验批。

② 室内涂饰工程同类涂料涂饰的墙面每 50 间（大面积房间和走廊按涂饰面积 $30m^2$

为一间）应划分为一个检验批，不足 50 间也应划分为一个检验批。

9）裱糊与软包子分部

同一品种的裱糊或软包工程每 50 间（大面积房间和走廊按施工面积 30m^2 为一间）应划分为一个检验批，不足 50 间也应划分为一个检验批。

10）细部子分部

① 同类制品每 50 间（处）应划分为一个检验批，不足 50 间（处）也应划分为一个检验批。

② 每部楼梯应划分为一个检验批。

3. 结合工程实例（项目 4 后附图），按照《建筑工程施工质量验收统一标准》GB 50300—2013、《建筑装饰装修工程质量验收规范》GB 50210—2001 和《建筑地面工程施工质量验收规范》GB 50209—2010 的规定，教师引导学生填写建筑装饰装修分部工程质量验收记录表、各子分部工程质量验收记录表、各分项工程质量验收记录表及各检验批质量验收记录表。

（1）建筑装饰装修分部工程质量验收记录（表 2-78）

建筑装饰装修　分部（子分部）工程质量验收记录　　　　　　表 2-78

工程名称	××学院××校区迁建工程 1 号学生宿舍工程一区	结构类型	本工程为砖混结构，局部框架结构	层数/规模	地上 6 层
施工单位	××建筑工程公司	技术部门负责人	朱××	质量部门负责人	王××
分包单位	/	分包单位负责人	/	分包技术负责人	/
序号	子分部工程名称	检验批数	施工单位检查评定记录	验收意见	
1	地面抹灰	27	合格		
2	抹灰	42	合格	各子分部工程质量验收记录完整，符合设计和规范要求，该分部工程质量评定为合格，同意后续工程施工	
3	门窗	42	合格		
4	吊顶	2	合格		
5	饰面板（砖）	16	合格		
6	幕墙	2	合格		
7	涂饰	28	合格		
8	细部	2	合格		
质量控制资料			完整		
安全和功能检验（检测）报告			完整		
观感质量验收情况			观感质量符合设计和规范要求，质量评价好		
验收单位	分包单位	注册建造师（项目经理）：（签字）　　　　　　　　　　年　月　日			
	施工单位	注册建造师（项目经理）：	××建筑工程公司　张××	××年××月××日	
	勘察单位	项目负责人：	××勘察设计院　李××	××年××月××日	
	设计单位	项目负责人：	××建筑设计院　王××	××年××月××日	
	监理（建设）单位	总监理工程师（建设单位项目专业负责人）：	××监理公司　陈××	××年××月××日	

（2）抹灰子分部工程质量验收记录（表 2-79）、一般抹灰分项工程质量验收记录（表 2-80、表 2-81）、一般抹灰工程检验批质量验收记录（表 2-82）。

<u>　　抹灰　　</u>分部（子分部）工程质量验收记录　　　　　　　表 2-79

工程名称	××学院××校区迁建工程 1 号学生宿舍工程一区		结构类型	本工程为砖混结构，局部框架结构	层数/规模	地上 6 层
施工单位	××建筑工程公司		技术部门负责人	朱××	质量部门负责人	王××
分包单位	/		分包单位负责人	/	分包技术负责人	/
序号	分项工程名称	检验批数	施工单位检查评定记录	验收意见		
1	一般抹灰	42	合格	各分项工程质量验收记录完整，符合设计和规范要求，该分部工程质量评定为合格，同意后续工程施工		
质量控制资料			完整			
安全和功能检验（检测）报告			完整			
观感质量验收情况			观感质量符合设计和规范要求，质量评价好			
验收单位	分包单位		注册建造师（项目经理）：（签字）　　　　　　年　月　日			
	施工单位		××建筑工程公司 注册建造师（项目经理）：　张××　　××年××月××日			
	勘察单位		项目负责人：　　　　　　　　　　　　　　年　月　日			
	设计单位		××建筑设计院 项目负责人：　王××　　　　　　××年××月××日			
	监理（建设）单位		××监理公司 总监理工程师（建设单位项目专业负责人）：　陈××　　××年××月××日			

<u>一般抹灰</u>　分项工程质量验收记录

第1页，共2页　　　　　　　　　　　　　　　表2-80

工程名称	××学院1号学生宿舍工程一区	结构类型	砖混结构，局部框架结构	检验批数	42
施工单位	××建筑工程公司	项目负责人	朱××	项目技术负责人	李××
分包单位	/	分包单位负责人	/	分包项目负责人	/

序号	检验批部位、区段	施工单位检查评定记录	监理（建设）单位验收记录
1	1层公共卫生间、寝室卫生间室内墙面	合格	合格
2	2层公共卫生间、寝室卫生间室内墙面	合格	合格
3	3层公共卫生间、寝室卫生间室内墙面	合格	合格
4	4层公共卫生间、寝室卫生间室内墙面	合格	合格
5	5层公共卫生间、寝室卫生间室内墙面	合格	合格
6	6层公共卫生间、寝室卫生间室内墙面	合格	合格
7	1层阳台室内墙面	合格	合格
8	2层阳台室内墙面	合格	合格
9	3层阳台室内墙面	合格	合格
10	4层阳台室内墙面	合格	合格
11	5层阳台室内墙面	合格	合格
12	6层阳台室内墙面	合格	合格
13	1层除墙裙外寝室、走廊、楼梯间、门厅、活动室、会客室、管理室室内墙面	合格	合格
14	2层除墙裙外寝室、走廊、楼梯间、门厅、活动室室内墙面	合格	合格
15	3层除墙裙外寝室、走廊、楼梯间、门厅、活动室室内墙面	合格	合格
16	4层除墙裙外寝室、走廊、楼梯间、门厅、活动室室内墙面	合格	合格
17	5层除墙裙外寝室、走廊、楼梯间、门厅、活动室室内墙面	合格	合格
18	6层除墙裙外寝室、走廊、楼梯间、门厅、活动室室内墙面	合格	合格
19	1~6层走廊、门厅、楼梯间墙裙处室内墙面	合格	合格
20	4~6层走廊、门厅、楼梯间墙裙处室内墙面	合格	合格
21	1层寝室、公共阳台、雨篷、走廊、配电室顶棚	合格	合格

施工单位检查评定结果	该检验批主控项目、一般项目满足规范规定和设计图纸要求，资料完整，自检合格。 项目专业质量检查员：陈××　注册建造师（质量技术负责人）：王×× 　　　　　　　　　　　　　　　　　　　　　　　××年××月××日
监理（建设）单位验收结论	经检查，该分项工程资料完整，符合设计和规范要求，评定为合格，同意后续工程施工。 监理工程师（建设单位项目技术负责人）：刘××　　　××年××月××日

工程资料管理

一般抹灰 分项工程质量验收记录续表

第2页，共2页   表2-81

工程名称	××学院1号学生宿舍工程一区	结构类型	砖混结构，局部框架结构	检验批数	42
施工单位	××建筑工程公司	项目负责人	朱××	项目技术负责人	李××
分包单位	/	分包单位负责人	/	分包项目负责人	/

序号	检验批部位、区段	施工单位检查评定记录	监理（建设）单位验收记录
22	2层寝室、公共阳台、雨棚、走廊、配电室顶棚	合格	合格
23	3层寝室、公共阳台、雨棚、走廊、配电室顶棚	合格	合格
24	4层寝室、公共阳台、雨棚、走廊、配电室顶棚	合格	合格
25	5层寝室、公共阳台、雨棚、走廊、配电室顶棚	合格	合格
26	6层寝室、公共阳台、雨棚、走廊、配电室顶棚	合格	合格
27	1层寝室阳台顶棚	合格	合格
28	2层寝室阳台顶棚	合格	合格
29	3层寝室阳台顶棚	合格	合格
30	4层寝室阳台顶棚	合格	合格
31	5层寝室阳台顶棚	合格	合格
32	6层寝室阳台顶棚	合格	合格
33	1层寝室卫生间顶棚	合格	合格
34	2层寝室卫生间顶棚	合格	合格
35	3层寝室卫生间顶棚	合格	合格
36	4层寝室卫生间顶棚	合格	合格
37	5层寝室卫生间顶棚	合格	合格
38	6层寝室卫生间顶棚	合格	合格
39	①～㉖轴立面外墙乳胶漆墙面一般抹灰	合格	合格
40	ⓛ～Ⓐ、Ⓐ～Ⓚ轴立面外墙乳胶漆墙面一般抹灰	合格	合格
41	Ⓜ/①～㉖轴外墙乳胶漆墙面一般抹灰	合格	合格
42	外墙面砖墙面一般抹灰	合格	合格

施工单位检查评定结果	该检验批主控项目、一般项目满足规范规定和设计图纸要求，资料完整，自检合格。 项目专业质量检查员：陈强　注册建造师（质量技术负责人）：王×× 　　　　　　　　　　　　　　　　　　　　　　　　　　　　　　××年××月××日
监理（建设）单位验收结论	经检查，该分项工程资料完整，符合设计和规范要求，评定为合格，同意后续工程施工。 监理工程师（建设单位项目技术负责人）：刘×× 　　　　　　　　　　　　　　　　　　　　　　　　　　　　　　××年××月××日

一般抹灰工程　检验批质量验收记录　　　表 2-82

		工程名称		××学院××校区迁建工程 1 号学生宿舍工程一区				分部工程名称		抹灰工程		
		验收部位		1 层公共卫生间、寝室卫生间室内墙面				施工单位		××建筑工程公司		
		项目负责人		李××	专业工长		赵××	施工班组长		刘××		
		施工执行标准及编号		《建筑装饰装修工程质量验收规范》GB 50210—2001								
		质量验收规范的规定					施工单位检查评定记录			监理（建设）单位验收记录		
主控项目		1. 基层表面应干净，洒水润湿					基层表面已清理干净，无尘土污垢，油渍等，已适当洒水润湿			查水泥出厂合格证（××）、进场复试报告、原材料检验报告（××）、见证取样报告、配合比（××）均符合规范规定和设计要求		
		2. 材料的品种、性能，砂浆的配合比符合设计要求，水泥凝结时间、安定性复验合格					材料品种，性能符合设计要求，水泥各项指标合格，配合比符合设计要求					
		3. 抹灰应分层；当抹灰厚度≥35mm 应采取措施；不同材料基体交接处应采取防裂措施；当采用加强网时加强网与基体搭接宽度≥100mm					抹灰层厚度及防裂措施符合设计规范规定					
		4. 抹灰层与基层及抹灰层之间粘结牢固，抹灰层无脱层、空鼓，面层应无爆灰和裂缝					经观察和小锤锤击检查，无脱层、空鼓，符合规范规定要求					
一般项目		1. 扩角、孔洞、槽、盒周围的抹灰表面应整齐、光滑；管道后面的抹灰表面应平整					经观察，手摸和对照施工记录检查，符合规范规定要求			查施工记录、对照设计图纸、规范检查，符合要求		
		2. 抹灰层总厚度符合设计要求；水泥砂浆不得抹在石灰砂浆层上；罩面石膏灰不得抹在水泥砂浆层上					对照设计图纸和施工记录检查，符合规范规定要求					
		3. 抹灰分格缝的设置符合设计要求，宽度和深度应均匀，表面光滑，棱角整齐					对照设计图纸检查，符合设计和规范规定要求					
		4. 有排水要求的部位应做滴水线（槽）。滴水线（槽）整齐顺直，滴水线内高外低，滴水槽宽度、深度≥10mm					对照设计图纸检查，符合设计规范规定要求					
			普通	高级								
		5. 抹灰表面	☑ 光滑、洁净、接搓平整，分格缝清晰	□ 光滑、洁净、颜色均匀、无抹纹，分格缝和灰线清晰		符合规范规定要求						
		6. 立面垂直度	4	3	3	1	0	4	4	⑤	2	
		7. 表面平整度	4	3	3	2	1	3	1	3	1	
		8. 阴阳角方正	4	3	1	3	1	3	3	3	2	
		9. 分格条（缝）直线度	4	3	0	3	⑤	1	0	1	1	
		10. 墙裙、勒角上口直线度	4	3	3	⑤	1	2	1	1	0	
		其实测 35 点，其中合格 32 点，不合格 3 点，合格点率 91.4%										
		施工单位检查评定结果		该检验批经检查，主控项目、一般项目满足规范和设计图纸要求，资料完整，自检合格。项目专业质量检查员：陈×× 项目专业质量（技术）负责人：李×× ××年××月××日								
		监理（建设）单位验收结论		经见证取样和平行检验等，该检验批中主控项目、一般项目满足规范规定和设计图纸要求，资料完整，评定为合格，可进入下道工序施工。监理工程师（建设单位项目技术负责人）：刘×× ××年××月××日								

其余各子分部工程质量验收资料参照抹灰子分部工程（此处略）。

任务 2.5　屋面工程施工阶段资料编制和收集

任务描述

按照《屋面工程质量验收规范》GB 50207—2012 和《建筑工程施工质量验收统一标准》GB 50300—2013 编写。针对施工企业在屋面工程施工阶段的资料编制和收集。共分5 部分内容，包括：屋面分部工程的施工工序及对应的资料；识读施工图纸并列出屋面工程的施工工艺；列出建筑屋面分部工程所包含的子分部工程、分项工程、检验批名称；填写建筑屋面分部工程所包含的检验批、分项工程、子分部工程等质量验收记录表；收集和整理设计变更文件和洽商记录、技术核定单、材料代用核定记录，钢筋、水泥、砂、石子、防水材料、保温材料等材料的出厂合格证、出厂检验报告、材料进场报验、进场复验报告、细石混凝土防水保护层试块抗渗报告等资料。

2.5.1　屋面工程施工工序及对应资料

知识构成

屋面工程施工工序及对应资料：

(1) 屋面原材料进场：防水原材料、保温材料、屋面瓦、水泥、砂、石子、砖等出厂证明文件和质量检测报告及进场验收登记，审批及其附件（同意进场）。

(2) 屋面原材料检验：防水原材料、保温材料、屋面瓦、水泥、砂、石子、砖等检测合格证明、配合比设计及试件留置（找平层、保护层）、见证取样登记表、审批及其附件（同意使用）。

(3) 屋面基层处理、找坡层施工、找平层施工、防水层施工、保温层施工、隔离层施工、隔汽层施工、保护层施工、细部处理、屋面密封材料嵌缝、隔热层施工等施工工序对应的资料为：检查验收记录、审批检验批、隐蔽记录。

(4) 屋面蓄水试验：检查验收记录、蓄水试验记录、施工记录。

(5) 屋面分部验收：检验批质量验收记录、分项工程质量验收记录、隐蔽验收记录、施工记录（找坡层、找平层、防水层、保温层、隔离层、隔汽层、隔热层、保护层、细部构造）；子分部工程质量验收记录；分部工程质量验收记录；施工材料和预制构件质量证明文件及复试试验报告；施工记录砂浆配合比通知单；混凝土抗渗试验报告；商品混凝土出厂合格证；复试等。

能力拓展

结合所学知识，列出屋面工程施工阶段资料的名称（表 2-83）。

表 2-83

项目名称	序号	文件资料名称
屋面工程施工阶段资料	1	工程材料报审资料
	2	各种材料送检报告
	3	基层隐蔽验收记录
	4	找坡层检验批（隐蔽工程）质量验收记录
	5	找平层检验批（隐蔽工程）质量验收记录
	6	防水层检验批（隐蔽工程）质量验收记录
	7	屋面蓄水实验记录
	8	保温层检验批（隐蔽工程）质量验收记录
	9	隔离层检验批（隐蔽工程）质量验收记录
	10	保护层检验批（隐蔽工程）质量验收记录
	11	细部构造检验批（隐蔽工程）质量验收记录
	12	隔汽层检验批（隐蔽工程）质量验收记录
	13	隔热层检验批（隐蔽工程）质量验收记录
	14	混凝土浇筑申请
	15	砂浆配合比通知单
	16	混凝土抗渗试块强度试验报告
	17	屋面分项工程质量验收记录
	18	屋面分部工程质量验收记录

课堂活动

1. 教师展示：屋面工程施工工序对应资料，收集到的相关工程资料。

2. 根据任务布置学生分组讨论：屋面工程施工阶段工程资料的形成、分类。

2.5.2　根据施工图纸列出屋面工程的施工工艺

能力拓展

阅读图纸，列出屋面工程的施工工艺：

（1）钢筋混凝土屋面板；

（2）XH04 级配泡沫混凝土保温找坡，最薄处 100mm；

（3）SBS 改性沥青防水卷材一道，厚≥4mm，1∶2.5 水泥砂浆找平层 20 厚；

（4）隔离层 1、2、3、4（按工程设计）；

（5）40 厚 C20 细石混凝土加 4% 防水剂，内配直径 6mm 一级钢筋，双向钢筋中距 200mm，提浆压光。

课堂活动

1. 指导学生识读图纸。

2. 布置学生分组讨论：案例屋面工程构造做法的类型及所做的施工工序。

3. 引导学生列出屋面工程施工工序。

2.5.3 列出建筑屋面分部工程所包含的子分部工程、分项工程、检验批名称

能力拓展

结合所学知识与案例屋面工程的做法，列出案例屋面工程的检验批、分项工程及子分部工程的名称（表2-84）。

案例屋面分部工程、子分部工程、分项工程及检验批质量验收记录划分表　　表 2-84

序号	分部工程	子分部工程	分项工程	检验批及验收部位	
4	屋面工程	基层与保护	找平层	屋面找平层	①～㉖/Ⓐ～Ⓥ轴屋面找平层
			隔离层	屋面隔离层	①～㉖/Ⓐ～Ⓥ轴屋面隔离层
			保护层	屋面保护层	①～㉖/Ⓐ～Ⓥ轴屋面保护层
		保温与隔热	现浇泡沫混凝土保温层	现浇泡沫混凝土保温层	①～㉖/Ⓐ～Ⓥ轴屋面现浇泡沫混凝土保温层
		防水与密封	卷材防水层	卷材防水层	①～㉖/Ⓐ～Ⓥ轴屋面卷材防水层
				接缝密封防水	①～㉖/Ⓐ～Ⓥ轴屋面接缝密封防水
		瓦面与板面			无
		细部构造	檐口	檐口检验批	①～㉖/Ⓐ～Ⓥ轴屋面檐口
			檐沟和天沟	檐沟和天沟检验批	①～㉖/Ⓐ～Ⓥ轴屋面檐沟和天沟
			女儿墙和山墙	女儿墙和山墙检验批	①～㉖/Ⓐ～Ⓥ轴屋面女儿墙和山墙
			水落口	水落口检验批	①～㉖/Ⓐ～Ⓥ轴屋面水落口
			伸出屋面管道	伸出屋面管道检验批	①～㉖/Ⓐ～Ⓥ轴屋面伸出屋面管道
			屋面出入口	屋面出入口检验批	①～㉖/Ⓐ～Ⓥ轴屋面出入口

课堂活动

1. 展示：屋面工程包含的各子分部和分项工程。

2. 引导学生找出案例屋面工程的检验批、分项工程及子分部工程、分部工程等质量验收记录表格。

2.5.4 填写建筑屋面分部工程所包含的检验批、分项工程、子分部工程等质量验收记录表

知识拓展

根据工程实例，填写屋面分部工程质量验收记录表：

（1）填写基层与保护子分部工程质量验收记录、各分项工程质量验收记录、各检验批质量验收记录；

（2）填写保温与隔热子分部工程质量验收记录、各分项工程质量验收记录、各检验批质量验收记录；

（3）填写防水与密封子分部工程质量验收记录、各分项工程质量验收记录、各检验批质量验收记录；

（4）细部构造子分部工程质量验收记录、各分项工程质量验收记录、各检验批质量验收记录；

（5）上机操作填写屋面分部工程施工阶段各施工质量验收记录。

课堂活动

结合工程实例，指导学生正确填写建筑屋面分部工程所包含的子分部工程、分项工程、检验批等质量验收记录表。

1. 填写基层与保护子分部工程质量验收记录、各分项工程质量验收记录、各检验批质量验收记录

（1）结合施工图纸，填写屋面找平层检验批及分项工程质量验收记录表（表 2-85、表 2-86）

找平层检验批质量验收记录　　　　　　　　　　　　　　　表 2-85

GB 50207—2012　　　　　　　　　　　　　　　　　　　　　　　　桂建质 040102

工程名称	×× 学院 ×× 校区 1 号宿舍楼				子分部工程名称	基层与保护	验收部位	屋面
施工单位	×× 建筑工程公司				分包单位			
项目经理	×××	分包项目经理			专业工长	×××	施工班组长	×××
施工执行标准名称及编号	《屋面工程质量验收规范》GB 50207—2012							

		施工质量验收规范规定			检查方法	施工单位检查评定记录		监理（建设）单位验收记录
主控项目	1	材料质量和配合比	符合设计要求		检查出厂合格证、质量检验报告和计量措施	√		
	2	排水坡度	设计无要求时	符合设计要求	坡度尺检查	√		
				结构找坡不应小于 3%		/		
				材料找坡宜为 2%		/		
				檐沟、天沟纵向找坡不应小于 1%，沟底水落差不得超过 20mm		/		
一般项目	1	表面质量	找平层应抹平、压光，不得有酥松、起砂、起皮现象		观察检查	√		
	2	交接处和转角处细部处理	卷材防水层的基层与突出屋面结构的交接处，及基层的转角处，找平层应做成圆弧形，且应整齐平顺			√		
	3	分格缝宽度和间距	符合设计要求		观察和尺量检查	√		
	4	表面平整度	找平层允许偏差	5mm	2m 靠尺和塞尺检查	4 3 3 2 1 4 5 4 3 1		
施工单位检查评定结果	主控项目全部符合要求，一般项目满足规范要求，本检验批符合要求 项目专业质量检查员：××× 　　　　　　　　　　　　　　　　　　　　　　　　　　　　　　×年×月×日							
监理（建设）单位验收结论	监理工程师： （建设单位项目专业技术负责人）：××× 　　　　　　　　　　　　　　　　　　　　　　　　　　　　　　×年×月×日							

注：检查数量按屋面面积每 100m² 抽查一处，每处应为 10m²，且不得少于 3 处。

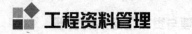工程资料管理

找平层分项工程质量验收记录表

表 2-86

桂建质（分项 A 类）

工程名称	××学院××校区 1 号宿舍楼	分部工程名称	建筑屋面	检验批数	1
施工单位	××建筑工程公司	项目经理	×××	项目技术负责人	×××
分包单位	/	分包单位负责人	/	分包项目经理	/

序号	检验批部位、区段	施工单位检查评定结果	监理（建设）单位验收结论
1	屋面	√	
/	/	/	

检查结论	所含检验批无遗漏，各检验批所覆盖的区段和所含内容无遗漏，全部符合要求，本分项符合要求 施工单位项目专业技术负责人：××× ×年×月×日	验收结论	 监理工程师： （建设单位项目专业技术负责人）　××× ×年×月×日

注：不涉及全高垂直度检查、无特殊要求的分项工程使用本表（分项 A 类）。

（2）结合施工图纸，填写屋面隔离层检验批质量验收记录表（表 2-87）。

隔离层检验批质量验收记录　　　　　　　　　　　　表 2-87

GB 50207—2012　　　　　　　　　　　　　　　　　　　　　桂建质 040104

工程名称		××学院××校区 1 号宿舍楼		子分部工程名称	基层与保护	验收部位	屋面
施工单位		××建筑工程公司		分包单位			
项目经理		×××	分包项目经理		专业工长	×××	施工班组长	×××
施工执行标准名称及编号			《屋面工程质量验收规范》GB 50207—2012				

		施工质量验收规范规定		检查方法	施工单位检查评定记录	监理（建设）单位验收记录
主控项目	1	材料质量及配合比	符合设计要求	检查出厂合格证和计量措施	√	
	2	隔离层成品质量	不得有破损和漏铺现象	观察检查	√	
一般项目	1	塑料膜、土工布、卷材的铺设与搭接	铺设平整、搭接宽度≥50mm、无皱折	观察和尺量检查	/	
	2	砂浆质量	低强度等级砂浆表面应压实、平整、不得有起壳、起砂现象	观察检查	√	

施工单位检查评定结果	项目专业质量检查员：××× ×年×月×日	监理（建设）单位验收结论	监理工程师： （建设单位项目专业技术负责人）　××× ×年×月×日

注：检查数量按屋面面积每 100m² 抽查一处，每处应为 10m²，且不得少于 3 处。

（3）结合施工图纸，填写屋面保护层检验批质量验收记录表（表2-88）。

保护层检验批质量验收记录　　　　　　　　　　表 2-88

GB 50207—2012　　　　　　　　　　　　　　　　　　　　　　　　　桂建质 040105

工程名称		××学院××校区1号宿舍楼						子分部工程名称	基层与保护	验收部位	屋面
施工单位		××建筑工程公司						分包单位			
项目经理		×××		分包项目经理				专业工长	×××	施工班组长	×××
施工执行标准名称及编号		《屋面工程质量验收规范》GB 50207—2012									

施工质量验收规范规定						检查方法	施工单位检查评定记录										监理（建设）单位验收记录
主控项目	1	材料质量及配合比			符合设计要求	检查出厂合格证、质量检验报告和计量措施	√										
	2	块体材料、水泥砂浆、细石混凝土强度等级			符合设计要求	检查块体材料、水泥砂浆或混凝土抗压强度试验报告	√										
	3	排水坡度			符合设计要求	坡度尺检查	√										
一般项目	1	块体材料保护层质量要求			块体材料保护层表面应干净，接缝应平整周边应顺直，镶嵌应正确，应无空鼓现象	小锤轻击和观察检查											
	2	水泥砂浆、细石混凝土保护层质量要求			水泥砂浆、细石混凝土保护层不得有裂纹脱皮、麻面和起砂等现象	观察检查	√										
	3	浅色涂料粘结要求			浅色涂料应与防水层粘结牢固，厚薄应均匀，不得漏涂	观察检查	/										
	4	允许偏差	项目	块体材料(mm)	水泥砂浆(mm)	细石混凝土(mm)		量测值（mm）									
			表面平整度	4.0	4.0	5.0	2m靠尺和塞尺检查	5	4	3	3	4	2	2	1	3	5
			缝格平直	3.0	3.0	3.0	拉线和尺量检查	3	3	2	1	1	3	3	2	2	1
			接缝高低差	1.5	—	—	直尺和塞尺检查										
			板块间隙宽度	2.0	—	—	尺量检查										
			保护层厚度	设计厚度的10%，且不大于5mm			钢针插入和尺量检查	√										
施工单位检查评定结果		项目专业质量检查员：×××										×年×月×日				
监理（建设）单位验收结论		监理工程师（建设单位项目专业技术负责人）：　　×××　　　　　　　　　　×年×月×日															

注：检查数量按屋面面积每100m²抽查一处，每处应为10m²，且不得少于3处。

（4）结合施工图纸，填写基层与保护子分部质量验收记录表（表 2-89）。

基层与保护子分部工程质量验收记录（GB 50207—2012）　0401　　　**表 2-89**

工程名称	××学院××校区 1 号宿舍楼		分部工程名称		建筑屋面
施工单位	××建筑工程公司		施工单位技术部门负责人		×××
分包单位			分包单位技术部门负责人		
序号	分项工程名称	检验批数	施工单位检查评定	监理（建设）单位验收意见	
1	找坡层			（验收意见、合格或不合格的结论、是否同意验收）	
2	找平层	1	√		
3	隔汽层				
4	隔离层	1	√		
5	保护层	1	√		
质量控制资料检查结论	（按附表 1～22 项检查） 共　项，经查符合要求　项 经核定符合规范要求　项		安全和功能检验（检测）报告检查结论	（按附表 23 项检查） 共核查　项，符合要求　项 经返工处理符合要求　项	
观感验收记录	1. 共抽查　项，符合要求　项，不符合要求　项。 2. 观感质量评价（好、一般、差）：				
施工单位	分包单位项目经理：××× 　　　　　　　　×年×月×日 施工单位项目经理：××× 　　　　　　　　×年×月×日		监理（建设）单位	总监理工程师：××× （建设单位项目专业负责人） 　　　　　　　×年×月×日	

注：1. 屋面工程防水层由经资质审查合格的防水专业队伍施工。
　　2. "经核定符合规范要求　项"是指初验未通过的项目，按《建筑工程施工质量验收统一标准》GB 50300—2013 第 5.0.6 条处理的情况。
　　3. 观感质量验收由总监理工程师或建设单位项目专业负责人组织并以其为主，听取参验人员意见后作出评价。如评为"差"时，能修的尽量修，若不能修，只要不影响结构安全和使用功能，可协商接收，并在"监理（建设）单位验收意见"栏中注明。

2. 填写保温与隔热子分部工程质量验收记录、各分项工程质量验收记录、各检验批质量验收记录（略）。

3. 填写防水与密封子分部工程质量验收记录、各分项工程质量验收记录、各检验批质量验收记录（略）。

4. 细部构造子分部工程质量验收记录、各分项工程质量验收记录、各检验批质量验收记录（略）。

5. 填写建筑屋面分部工程质量验收记录（表 2-90）：

建筑屋面分部工程质量验收记录 表 2-90

GB 50300—2013　GB 50207—2012　　　　　　　　　　　桂建质 04

工程名称	××学院××校区 1 号宿舍楼			层数	地下 0 层 地上 6 层
施工单位	××建筑工程公司		施工单位技术部门负责人		×××
分包单位			分包单位技术部门负责人		

序号	子分部工程名称	分项工程数	施工单位检查评定	验收组验收意见
1	基层与保护	3	√	
2	保温与隔热	1	√	（验收意见、合格或不合格的结论、是否同意验收）
3	防水与密封	1	√	
4	瓦面与板面			
5	细部构造	6	√	

质量控制资料 检查结论	共　项，经查符合要求　项 经核定符合规范要求　项	安全和功能检验 （检测）报告检 查结论	共核查　项，符合要求　项 经返工处理符合要求　项
观感质量验 收记录	1. 共抽查　项，符合要求　项，不符合要求　项。 2. 观感质量评价（好、一般、差）：		

设计单位	项目负责人：××× （公章） ×年×月×日	施工单位	项目经理：××× （公章） ×年×月×日	监理 （建设） 单位	总监理工程师：（建设 单位项目专业负责人）　××× （公章） ×年×月×日

注：1. 质量控制资料、安全和功能检验（检测）报告检查情况可查阅有关子分部工程质量验收记录或直接查阅原件，统计整理后填入本表；

2. 本验收记录尚应有各有关子分部工程的质量验收记录作附件；

3. 验收不合格的，视其严重程度按《建筑工程施工质量验收统一标准》GB 50300—2013 第 5.0.6 或 5.0.7 条处理。

2.5.5 收集和整理设计变更文件和洽商记录、技术核定单、材料代用核定记录；钢筋、水泥、砂、石子、防水材料、保温材料等材料的出厂合格证、出厂检验报告、材料进场报验、进场复验报告、细石混凝土抗渗试块强度实验报告等资料

知识拓展

1. 原材料合格证的收集：按照生产厂家、进场批次、类别、规格收集合格证。

2. 原材料抽样检测

（1）钢筋工程的抽样与检测

钢材取样应以同牌号、同炉号、同级别、同规格、同一进场时间，每 60t 为一检验批，不足 60t 时，也按一验收批。做拉伸及冷弯（屈服点强度、极限强度、伸长率）实验，每一检验批中取试样一组（螺纹钢两根拉力、两根冷弯，盘圆钢筋一根拉力、两根

冷弯），试件应从两根钢筋中截取，且在距断头不小于 50cm 处。取样长度要求：拉力试件长度 $5d+200mm$，冷弯试件长度 $5d+200mm$。

（2）水泥原材料进场复试取样、送检

每批进场的水泥要有产品合格证和性能检测报告，材料的品种、规格、性能等应符合现行国家产品标准。以同一水泥生产厂家、同一强度等级（标号）、同一品种、同一批号且连续进场的水泥为一验收批，袋装不超过 200t 为一批，散装水泥以不超过 500t 为一批。每批抽样不少于一次，应进行水泥 3 天安定性、28 天强度复试，复试合格后方可使用。取样数量为每批取 12kg。

（3）砂、石原材料进场复试取样、送检

砂、石的验收分别按《普通混凝土用砂、石质量及检验方法标准》JGJ 52－2006 及《建设用卵石、碎石》GB/T 14685－2011 中的规定进行。购货单位应按同产地、同规格分批验收。以每 400m³ 或 600t 为一验收批。取样数量为砂取样 30kg、石取样 80kg，如同时申请混凝土配合比，则需每申请一个配合比，砂另取 20kg、石另取 40kg。

（4）SBS 改性沥青防水卷材

必须有出厂质量合格证，有相应资质等级检测部门出具的检测报告、产品性能和使用说明书；进场后应进行外观检查，合格后按规定取样复试，并实行有见证取样和送检—取样频率和取样方法，按 GB 50207—2012 P49 表 A.0.1 规定执行。

（5）混凝土试块留置原则

每一楼层、同一配合比、每一工作台班，每拌制 100 盘并不超过 100m³ 取样不得少于一次，当一次连续浇筑超过 1000m³ 时，同一配合比的混凝土每 200m³ 取样不得少于一次，每次取样应至少留置一组标准养护试块；同条件养护试件的留置组数应根据实际需要确定。

（6）防水混凝土试块留置原则

1）防水混凝土的标养、同条件养护试块留置原则见第（5）条；

2）抗渗试块留置原则（依据《地下防水工程质量验收规范》GB 50208—2011）：连续浇筑混凝土每 500m³ 应留置一组抗渗试块（一组为 6 个抗渗试块），且每项工程不得少于两组。配合比调整时，应相应增加试块的留置组数。

（7）泡沫混凝土

1）泡沫混凝土是通过发泡机的发泡系统将发泡剂用机械方式充分发泡，并将泡沫与水泥浆均匀混合，然后经过发泡机的泵送系统进行现浇施工或模具成型，经自然养护所形成的一种含有大量封闭气孔的新型轻质保温材料；

2）资料检查：审查水泥及水泥发泡剂等材料的出厂合格证、型式检测报告是否齐全；检查施工单位泡沫混凝土等相关产品认证文件；

3）现场取样试件：由业主及监理代表见证现场取样，分别取 100mm×100mm×100mm 试块，对现场拌合施工的泡沫混凝土进行取样复检实验，复检内容为抗压强度、导热系数、干容重，相关技术指标应符合现有国家标准《泡沫混凝土砌块》JC/T 1062—2007。

任务 2.6 竣工验收阶段资料编制和收集

任务描述

所有建设项目和单位工程，应按照设计文件的内容全部建设完工，并根据国家有关验收标准，全面检查承建工程质量并及时整理工程技术资料，方可进行竣工验收。

通过本工作任务的学习，学生能够填写工程质量验收申请表、单位（子单位）工程质量控制资料核查记录、单位（子单位）工程安全和功能检验资料核查及主要功能抽查记录、单位（子单位）工程观感质量检查记录等资料；收集完善工程质量评估报告、勘察文件质量检查报告、设计文件质量检查报告、单位工程施工安全评价书、消防验收文件或准许使用文件、房屋建筑工程质量保修书；收集并编制竣工图等资料。

知识构成

1.《工程质量验收申请表》

填写《工程质量验收申请表》，经项目经理、企业技术负责人及企业法定代表人签名并加盖公章后，提交给监理单位。总监理工程师签署意见并加盖公章后，向建设单位申请办理工程验收手续。

2.《单位（子单位）工程质量控制资料核查记录》

单位工程质量控制资料核查评定内容及标准

（1）图纸会审、变更设计洽商记录，要求有关参加工作人员签字齐全，资料形成应在施工之前。

（2）工程定位测量、放线记录清晰准确。

（3）原材料出厂合格证及进场检（试）验报告完整无误。

（4）施工试验报告及见证检测报告要合格有效，其中"施工试验报告"包括混凝土、砂浆配合比设计报告，抗压强度报告，混凝土抗渗等级试验报告及钢筋焊接接头试验报告等内容（该部分资料放入工程质量控制资料——试验报告）；"见证检测报告"包括结构硅酮密封胶与接触材料相容性能检测报告、建筑用塑料外窗角强度检测报告、外墙饰面砖黏结强度检测报告等。

（5）隐蔽工程验收记录内容齐全、完整、真实，图示准确。

（6）地基、基础、主体结构检验及抽测资料包括地基承载力、桩基检测报告和混凝土检测报告、钢结构焊缝探伤检测报告及砌体检测报告等。

（7）分部（子分部）工程质量验收后，必须填写《分部（子分部）工程质量验收记录》，对于桩基础、天然地基、地基处理子分部，地下结构（含防水工程）子分部，幕墙子分部，低压配电（含发电机组）安装等重要分部工程，还应办理建设工程中间验收监督登记手续。

（8）竣工图要求图纸齐全、完备，设计变更在图纸上有明显更改或说明，有竣工图章、签字齐全，且经建设、设计、监理及施工单位盖章。

3. 《单位（子单位）工程安全和功能检验资料核查及主要功能抽查记录》

（1）工程安全和功能检验资料检查的目的是强调建筑、结构、设备的安全、使用功能、环境质量等方面的主要技术性能的检验。按验收组协商确定的项目分别进行核查和抽查，对在分部、子分部已检查的项目，核查其结论是否符合设计要求；对在单位（子单位）工程抽查的项目，应进行全面检查，并核实其结论是否符合设计要求。抽查结果用"√"表示。

（2）总监理工程师组织有关监理工程师核查、抽查，施工单位项目经理、技术负责人参加，由施工单位项目经理和总监理工程师签字。

（3）有些检查记录必须先经施工单位自检，再送至监理单位审查，审查结果达到基本完整的要求后，经总监理工程师签名及签署意见。

4. 《单位（子单位）工程观感质量检查记录》

单位（子单位）工程观感质量抽查时，施工单位应先自行检查合格后，由总监理工程师组织有关监理工程师，会同参加验收人员共同进行。

5. 《工程质量评估报告》

监理单位应在工程质量验收前，对所监理工程的质量进行评估，编写《工程质量评估报告》一式四份，监理单位、建设单位、监督站及备案机关各存一份，经项目总监理工程师、单位法定代表人签名及加盖公章后提交给建设单位。工程质量评估报告内容包括工程概况、土建工程质量情况、建筑设备安装工程质量情况。

6. 《勘察文件质量检查报告》

勘察单位应在工程质量验收前，对勘察文件进行检查，编写《勘察文件质量检查报告》一式四份，勘察单位、建设单位、监督站及备案机关各存一份，经项目负责人、单位技术负责人签名及加盖单位公章后，提交给建设单位。勘察文件质量检查报告内容包括工程规模、工程主要勘察范围及内容、实际地质情况与勘察报告的差异、工程施工对持力层是否满足要求及勘察文件的检查结论。

7. 《设计文件质量检查报告》

设计文件质量检查报告内容包括工程规模、各专业设计人员名单、结构设计的特点、图纸会审情况、主要设计变更及执行情况与工程按图施工及完成情况。

8. 《单位工程施工安全评价书》

施工安全评价是对参与建设工程的各方单位在执行法规、标准、规范规程及履行责任方面，安全管理资料和落实安全技术措施方面及有无发生安全事故等方面的评价。工程竣工验收前，监督站要对该工程的安全生产和中间安全评价等情况作出综合评价，最后定出等级，等级分为优良、合格、不合格。

9. 《消防验收文件或准许使用文件》

根据《房屋建筑和市政基础设施工程竣工验收备案管理办法》（建设部 2 号令）的规定，建筑工程、消防工程、装修工程完工后投入使用前，由公安消防部门出具的对大型的人员密集场所和其他特殊建设工程验收合格的证明文件，其他工程实施备案。

10. 《房屋建筑工程质量保修书》

是指对房屋建筑工程（包括装修工程）的质量缺陷予以修复；房屋建筑工程在保修

范围和保修期限内出现质量缺陷，施工单位应当履行保修义务。建设单位和施工单位应当在工程质量保修书中约定保修范围、保修期限及保修责任。房屋建筑工程保修期从工程竣工验收合格之日起计算。竣工验收资料中应附《房屋建筑工程质量保修书》，若为复印件，应加盖公章及经手人签名；在竣工验收备案时，建设单位应向备案机关提交《房屋建筑工程质量保修书》。

11. 商品住宅《住宅质量保证书》、《住宅使用说明书》

12.《单位（子单位）工程质量验收记录/纪要》

工程施工质量验收由建设单位负责组织实施，建设行政主管部门委托的监督站负责对工程质量验收（包括对组织形式、程序及标准执行等情况）实施监督。

13.《建设工程质量监督验收意见书》

建设工程质量监管机构在收到《单位（子单位）工程质量验收记录》之后根据验收监督情况，向建设单位发出《建设工程质量监督验收意见书》。发现工程质量验收违反国家法律、法规和强制性标准的或工程存在影响结构安全和严重影响使用功能隐患的，发出责令整改通知书，并将对工程质量验收的监督情况作为《建设工程质量监督验收意见书》的重要内容。

14.《建设工程竣工验收档案认可书》

根据《建设工程文件归档整理规范》及城市建设工程档案部门的有关规定，建设单位在组织竣工验收前，应当提请城建档案管理机构对工程档案进行预验收。预验收合格后，由城建档案管理机构出具工程档案认可文件。

15.《建设工程规划验收认可文件》

建设工程规划验收合格证是在工程竣工验收前，由建设单位在城市规划管理部门办理的验收手续，并且经城市规划部门验收合格后颁发的证明文件。未取得规划验收合格证证明文件的，该工程不予办理竣工验收备案手续。

16.《环保验收文件或准许使用文件》

根据中华人民共和国国务院令第 253 号《建设项目环境保护设施竣工验收管理规定》第六条，建设项目在正式投入生产或者使用之前，建设单位必须向环保部门提出环境保护设施竣工验收申请，《验收申请报告》未经批准的建设项目，不得组织竣工验收，不得投入生产或者竣工验收资料中必须存放环保验收文件或准许使用文件原件。

17.《建设工程竣工验收报告》

建设单位在取得工程质量、消防、规划、环保、档案等有关专业管理部门（或其委托机构）出具的认可文件或准许使用文件后，应当及时组织有关各方办理工程竣工验收手续，编制《建设工程竣工验收报告》一式五份，建设单位、施工单位、监督机构、备案机关及城建档案部门各持一份。

18.《房屋建筑工程和市政基础设施工程竣工验收备案表》

根据《房屋建筑和市政基础设施工程竣工验收备案管理办法》建设部 2 号令的规定，建设单位应当自工程竣工验收合格之日起 15 日内，向工程所在地的县级以上地方人民政府建设主管部门备案。建设单位向备案机关领取《房屋建筑工程和市政基础设施工程竣工验收备案表》。建设单位持由建设、勘察、设计、施工、监理等单位负责人、项目负责人签名并加盖单位公章的备案表一式五份，在工程竣工验收合格之日起 15 日内，向备案机关申报备案。

19.《竣工图》

竣工图是真实记录各种地下、地上建筑物、构筑物等情况的技术文件，是对工程进行交工验收、维护、改造、扩建的依据，是重要的技术档案。竣工图（结构、建筑、安装）须完整无缺地真实反映施工过程中的变更情况，内容清晰，竣工图必须和该工程设计变更洽商记录相一致，在竣工验收时归入技术档案。

课堂活动

1. 教师引导学生找出工程质量验收申请表、单位（子单位）工程质量控制资料核查记录、单位（子单位）工程安全和功能检验资料核查及主要功能抽查记录、单位（子单位）工程观感质量检查记录的相关规定。

2. 学生填写《单位（子单位）工程质量竣工验收记录》

3.《单位（子单位）工程质量控制资料核查记录》

4.《单位（子单位）工程观感质量检查记录等表格》

5. 学生填写《单位（子单位）工程安全和功能检验资料核查及主要功能抽查记录》

6. 学生填写《房屋建筑工程质量保修书》。

项目3
资料使用保管

项目概述

通过本项目的学习，学生能够了解相关的检索、处理、存储、传递、追溯、应用施工资料的基本知识；学会安全保管施工资料。

任务 3.1　施工资料台账及收登制度

通过本任务的学习，学生能够了解和掌握施工资料台账的主要内容及施工资料台账建立的要求；掌握施工资料收登制度。

知识构成

1. 施工资料台账的内容

依据《中华人民共和国档案法》，各级人员做好文件材料的立卷归档工作是各自的义务和岗位职责。施工资料台账包括多种类别，如实验台账、材料采购、使用台账等。

2. 工程资料台账建立的目的

建立完整的工程资料台账既是加强工程资料管理的需要，也是提高企业内部管理水平的需要。工程资料台账建立的主要目的：一是在台账的记录、整理和积累过程中起到自我监督、强化项目管理；二是促进企业规范管理上档次，提高企业管理水平的需要；三是对项目和项目管理人员起到自我保护作用。

3. 施工资料台账建立要求

建立一个项目详细、条理清晰的工程管理台账系统，需要有一系列庞大数据库的支持，而且各数据库之间还需要建立很多联系，如果在这一过程中能有效地将计算机技术加以利用，就可以大大提高工作效率。再进一步，如能把各种基础资料，如会议纪要、图片、变更报告等附在系统中，那么整个系统将更加完善。具体来说，工程档案资料工作是工程建设过程的一部分，应纳入建设全过程管理并与工程建设同步；建立资料台账时，施工资料应该按照先后顺序分类，对同一类型的资料应按照其时间先后顺序进行排序；档案资料室对接收工程文件应及时建立工程文件接收总登记账和分类账；设备资料文件不足部分，由施工单位自行联系复制，复制的设备资料应加盖复印件印章；按资料的内容不同进行分类整理，如属于施工管理资料的、施工技术资料的、施工物资资料的、施工测量记录的、施工记录的、隐蔽工程检查验收记录的、施工检测资料的、施工质量验收记录的、工程竣工验收资料的等。

施工单位及项目经理部应配置适当的房间、器具（如文件筐、文件夹、文件盒、文件柜）等来存放文件资料，并加强管理和增强防范意识，做好防火、防盗、防虫、防露、防光、防尘等工作。

4. 施工资料收登制度

施工资料收登制度是指施工项目部对施工资料的收文登记管理制度。其目的是为了规范施工资料管理流程，加强收文管理，提高办事效率。该制度应由施工项目部技术负责人组织制定，内容可包括：

（1）施工资料收登管理负责人（一般为技术负责人）及具体实施人（一般为资料员，也可指定专人实施）。

（2）施工资料的规范性检查。重点检查资料是否有缺漏、错误等现象，如发生这类问题，该资料应予以退回处理。

（3）收文登记。应根据施工资料的不同，对资料进行分类登记，实施人应要求资料提供人签名、并签署提交日期。

（4）施工资料存放。根据资料载体不同，妥善存放，原则上同类载体资料统一存放。

（5）施工资料的定期整理。可参照《建筑工程资料管理规程》JGJ/T 185—2009 的规定，根据施工资料保存年限、归类要求进行定期整理。

任务 3.2　检索、处理及应用施工资料

通过本任务的学习，学生能够了解和掌握检索、处理及应用施工资料的相关知识。

知识构成

1. 工程资料检索的特点和方法

（1）工程资料的著录的特殊性

1）资料内容之间关联性：工程资料根据工程阶段的不同，其内容也不相同。其中施工阶段资料的形成与施工过程是同步进行的，这些资料之间不是孤立的，它们往往存在着因果关系或前一项是后一项存在的必要条件等关系。

2）著录的规范性：档案著录是指在编制档案目录时，对档案的内容和形式特征进行分析、选择和记录的过程。由于工程资料内容之间的关联性，相关规范当中已经规定了工程资料的组卷、立卷原则。相关部门（如城建档案馆）为收取档案的内容及顺序也做了相应的规定，这为工程资料的著录工作指定了操作规则和方法。就施工资料而言，各单位资料管理部门也规定本单位相关资料管理办法及著录方式。因此，施工资料的著录

工作既遵从国家标准、行业标准、地方标准规定等大方向、大原则，又有各地区、各单位、各部门特点和惯例做法，存在着一定的差异。

（2）工程资料检索工具的一般性和针对性

检索工作根据著录的不同，方法也不尽相同。但最基本的检索工具基本是一致的，具有一般性，其工具多采用案卷目录检索工具。其他还包括卷内文件目录汇集、分类目录、全宗文件目录等其他方法。其中，案卷目录是以案卷为单位，依据案卷整理顺序组织起来的，固定案卷位置，统计案卷数量，监督、保护档案材料的一种管理工具。工程资料的检索顺序和方法具有较强的针对性。

2. 工程资料的处理要求

对于工程资料的处理，各地区、各单位均有其各自的处理方式和条文规定。对其处理要求及规定不能一概而论，但根据工程资料的共性及特点，其处理要求大同小异。

（1）工程文件接收

1）各单位提供给工程部的工程文件（工程技术文件、图纸资料）由档案资料室统一接收；上级党政主管机关所发的行政及党务方面的文件由办公室统一接收。

2）工程部其他部门或个人从外单位带回或通过其他途径收到的工程文件，一律交档案资料室。

3）设备文件物资组会同有关部门对设备开箱验收后，及时将设备资料立卷归档；设备文件资料由档案资料室统一归口发放给有关单位。

4）档案资料室对接收的工程文件资料必须进行数量和外观质量检查，发现问题应及时通知寄发单位补发。

5）档案资料室对接收的工程文件应及时建立工程文件接收总登记账和分类账（簿式台账和电子台账），并能利用计算机进行各类工程文件的查询检索。

6）登记完毕的工程文件，应及时予以处理，在保证归档份数后，应按工程部领导审定的工程文件分发表及时分发给有关单位和部门。

7）对接收的密级文件资料，要严格按保密规定妥善收存，并认真执行密级文件资料的借阅规定。

8）档案资料室仅对归档的工程文件资料实施整编作业，并建立档案登录总登记账和分类登记账；对分发各部门的工程文件资料不进行整编作业。

（2）工程文件资料发放

1）分发外单位和部门的工程文件资料由档案资料室统一归口办理。

2）呈送上级单位的工程文件由工程部领导确定发放单位和数量。

3）档案资料室按工程部领导审定的施工图分发表、设备资料分发表分发工程文件资料。

4）分发的图纸资料应建立资料分发台账，资料分发台账应留存备查。

5）为避免工程文件资料分发过程中可能出现的错发现象，图纸、资料领取单位应指定领取人名单，并书面通知档案资料室；档案资料室按指定名单发放工程文件资料。

（3）设计修改通知单、工程联系单的传递及管理规定

1）设计修改通知单、工程联系单统一由档案资料室按设计修改通知单、工程联系单

中所指定的部门及时传递并建立签收记录。

2）设计修改通知单、工程联系单原件一律及时交档案资料室归档保存，工程结束后由档案资料室向设计院提供全部设计修改通知单、工程联系单的复印件供设计院编制竣工图。

3）凡涉及设计修改、变更，档案资料室应及时在归档图纸的副本对应卷册图纸目录上加盖设计修改印章，并将变更单复印件及时放入卷册内。

3. 施工资料的应用

（1）施工资料的应用范围

1）工程项目竣工验收的重要内容。工程项目进行竣工验收包括两方面的内容：一是指"硬件"，即建筑物本身（包括所安装的各类设备）；二是指"软件"，即指反映建筑物自身及其形成过程的施工资料（包括竣工图及有关录像资料）。

2）维护企业经济效益和社会信誉的要求。施工技术资料反映了工程项目的形成过程，是现场组织生产活动的真实记录，直接或间接地记录了与工程施工效益紧密相关的施工面积，使用材料的品种、数量和质量，采用的技术方案和技术措施，劳动力的安排和使用，工作量的更改和变动，质量的评定等级等情况，它们是建设方与承包方双方进行合同结算的重要依据，也是企业维护自身利益的依据。

3）开发利用企业资源的需要。

4）保证城市规范化建设的需要。

（2）施工资料的应用管理

1）工程资料的应用应全面。工程资料是一个相互联系的有机整体，应用工程资料时不能断章取义，以偏概全，甚至相互矛盾。

2）工程资料的应用应秉承诚实信用原则。不得擅自毁灭、伪造、篡改工程资料。

3）工程资料应用制度化原则。虽然各地区各单位的工程资料管理制度不尽相同，但在工程资料的应用方面都建立了相应的制度，在进行使用、借阅、检查、监督等活动时均应遵守相关制度。

4）工程资料的应用应遵守相应的保密规定。

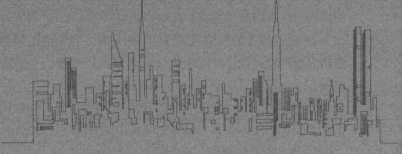

项目 4
资料归档移交

项目概述

> 通过本项目的学习，学生能够记住资料归档移交的相关规定，学会对施工资料进行立卷、归档、移交。

任务 4.1　工程资料归档移交的相关规定

通过本任务的学习，学生能够了解和掌握工程资料归档移交的相关知识。

知识构成

1. 术语

（1）建设工程档案：在工程建设活动中直接形成的具有归档保存价值的文字、图表、声像等各种形式的历史记录，也可简称工程档案。

（2）案卷：由互有联系的若干文件组成的档案保管单位。

（3）立卷：按照一定的原则和方法，将有保存价值的文件分门别类整理成案卷，也称组卷。

（4）归档：文件形成单位完成其工作任务后，将形成的文件整理立卷后，按规定移交档案管理机构。

2. 基本规定

（1）勘察、设计、施工、监理等单位应将工程文件的形成和积累纳入工程建设管理的各个环节和有关人员的职责范围。

（2）在工程文件与档案的整理立卷、验收移交工作中，建设单位应履行下列职责：

1）在工程招标及与勘察、设计、施工、监理等单位签订协议、合同时，应对工程文件的套数、费用、质量、移交时间等提出明确要求；

2）收集和整理工程准备阶段、竣工验收阶段形成的文件，并应进行立卷归档；

3）负责组织、监督和检查勘察、设计、施工、监理等单位的工程文件的形成、积累和立卷归档工作，也可委托监理单位监督、检查工程文件的形成、积累和立卷归档工作；

4）收集和汇总勘察、设计、施工、监理等单位立卷归档的工程档案；

5）在组织工程竣工验收前，应提请当地的城建档案管理机构对工程档案进行预验收，未取得工程档案验收认可文件，不得组织工程竣工验收；

6）对列入城建档案馆（室）接收范围的工程，工程竣工验收后 3 个月内，向当地城建档案馆（室）移交一套符合规定的工程档案。

（3）勘察、设计、施工、监理等单位应将本单位形成的工程文件立卷后向建设单位移交。

（4）建设工程项目实行总承包的，总包单位负责收集，汇总各分包单位形成的工程档案，并应及时向建设单位移交；各分包单位应将本单位形成的工程文件整理、立卷后及时移交总包单位，建设工程项目由几个单位承包的，各承包单位负责收集、整理立卷其承包项目的工程文件，并应及时向建设单位移交。

（5）城建档案管理机构应对工程文件的立卷归档工作进行监督、检查、指导。在工程竣工验收前，应对工程档案进行预验收，验收合格后，须出具工程档案认可文件。

3. 工程文件的归档范围及质量要求

（1）工程文件的归档范围

对与工程建设有关的重要活动、记载工程建设主要过程和现状，具有保存价值的各种载体的文件，均应收集齐全，整理立卷后归档。

（2）归档文件的质量要求

1）归档的工程文件应为原件；

2）工程文件的内容及其深度必须符合国家有关工程勘察、设计、施工、监理等方面的技术规范、标准和规程；

3）工程文件的内容必须真实、准确，与工程实际相符合；

4）工程文件应采用耐久性强的书写材料，如碳素墨水，不得使用易褪色的书写材料，如红色墨水、纯蓝墨水、圆珠笔、复写纸、铅笔等；

5）工程文件应字迹清楚，图样清晰，图表整洁，签字盖章手续完备；

6）工程文件中文字材料幅面尺寸规格宜为 A4（297mm×210mm），图纸应采用国家标准图幅；

7）工程文件的纸张应采用能够长期保存的韧性大、耐久性强的纸张。图纸一般采用蓝晒图，竣工图应是新蓝图。计算机出图必须清晰，不得使用计算机出图的复印件；

8）所有竣工图均应加盖竣工图章和设计出图专用章；

① 竣工图章的基本内容应包括："竣工图"字样、施工单位、编制人、审核人、技术负责人、编制日期、监理单位、现场监理、总监；

② 竣工图章示例（图 4-1）。

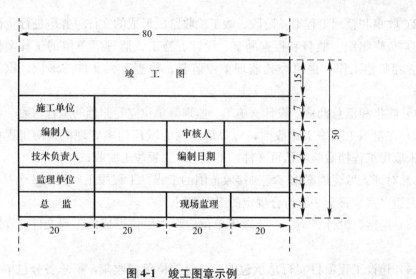

图 4-1 竣工图章示例

③ 竣工图章尺寸为：50mm×80mm；

④ 竣工图章应使用不易褪色的红印泥，应盖在图标栏上方空白处。

9）利用施工图改绘竣工图，必须标明变更修改依据，凡施工图结构、工艺、平面布置等有重大改变，或变更部分超过图面 1/3 的，应当重新绘制竣工图。变更图章尺寸为：35mm×15mm。

变更图章可以采用以下几种形式（图 4-2）。

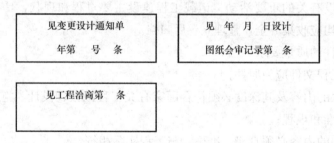

图 4-2 变更图章的形式

10）不同幅面的工程图纸应按《技术制图复制图的折叠方法》GB/T 10609.3—2009统一折叠成 A4 幅面（297mm×210mm），图标栏露在外面。

任务 4.2 工程资料的立卷、装订、归档、移交

通过本任务的学习，学会对工程资料进行立卷、装订、归档、移交。

1. 工程文件的立卷

（1）立卷的原则和方法

1）立卷应遵循工程文件的自然形成规律，保持卷内文件的有机联系，便于档案的保管和利用。

2）一个建设工程由多个单位工程组成时，工程文件应按单位工程组卷。

3）立卷可采用如下方法：

① 工程文件可按建设程序划分为工程准备阶段的文件、监理文件、施工文件、竣工图、竣工验收文件5部分；

② 工程准备阶段文件可按建设程序、专业、形成单位等组卷；

③ 监理文件可按单位工程、分部工程、专业、阶段等组卷；

④ 施工文件可按单位工程、分部工程、专业、阶段等组卷；

⑤ 竣工图可按单位工程、专业等组卷；

⑥ 竣工验收文件按单位工程、专业等组卷。

4）立卷过程中宜遵循下列要求：

① 案卷不宜过厚，一般不超过40mm。

② 案卷内不应有重份文件，不同载体的文件一般应分别组卷。

（2）卷内文件的排列

1）文字材料按事项、专业顺序排列，同一事项的请示与批复、同一文件的印本与定稿、主件与附件不能分开，并按批复在前、请示在后、印本在前、定稿在后、主件在前、附件在后的顺序排列；

2）图纸按专业排列同专业图纸按图号顺序排列；

3）既有文字材料又有图纸的案卷，文字材料排前，图纸排后。

（3）案卷的编目

1）编制卷内文件页号应符合下列规定：

① 卷内文件均按有书写内容的页面编号。每卷单独编号，页号从1开始；

② 页号编写位置：单面书写的文件在右下角；双面书写的文件，正面在右下角，背面在左下角。折叠后的图纸一律在右下角；

③ 成套图纸或印刷成册的科技文件材料，自成一卷的，原目录可代替卷内目录，不必重新编写页码；

④ 案卷封面、卷内目录卷内备考表不编写页号。

2）卷内目录的编制应符合下列规定：

① 序号：以一份文件为单位用阿拉伯数字从1依次标注；

② 责任者：填写文件的直接形成单位和个人。有多个责任者时，选择两个主要责任者，其余用"等"代替；

③ 文件编号：填写工程文件原有的文号或图号；

④ 文件题名：填写文件标题的全称；

⑤ 日期：填写文件形成的日期；

⑥ 页次：填写文件在卷内所排的起始页号，最后一份文件填写起止页号；

⑦ 卷内目录排列在卷内文件首页之前。

3）案卷封面的编制应符合下列规定：

① 案卷封面印刷在卷盒、卷夹的正表面，也可采用内封面形式。案卷封面的式样见图4-3；

```
档        号 _____
档案馆（室）号 _____
缩  微  号 _____




案卷题名 _____
        _____

编制单位 _____
编制日期 _____
密    级 _____ 保管期限 _____
        共 _____ 卷      第 _____ 卷
```

图 4-3 卷宗封面

② 案卷封面的内容应包括：档号、档案馆（室）号、案卷题名、编制单位、编制日期、密级、保管期限、共几卷、第几卷；

③ 档号应由分类号、项目号和案卷号组成。档号由档案保管单位填写；

④ 档案馆（室）号应填写国家给定的本档案馆的编号，档案馆代号由档案馆填写；

⑤ 案卷题名应简明、准确地揭示卷内文件的内容。案卷题名应包括工程名称、专业名称、卷内文件的内容；

⑥ 编制单位应填写案卷内文件的形成单位或主要责任者；

⑦ 起止日期应填写案卷内全部文件形成的起止日期；

⑧ 保管期限分为永久、长期、短期三种期限。各类文件的保管期限详见附录 A。永久是指工程档案需永久保存。长期是指工程档案的保存期限等于该工程的使用寿命。短期是指工程档案保存 20 年以下，同一案卷内有不同保管期限的文件，该案卷保管期限应从长；

⑨ 密级分为绝密、机密、秘密三种，同一案卷内有不同密级的文件，应以高密级为本卷密级。

4）卷内目录、卷内备考表、案卷内封面应采用 70g 以上白色书写纸制作，幅面统一采用 A4 幅面。

（4）案卷装订

1）案卷可采用装订与不装订两种形式，文字材料必须装订，既有文字材料，又有图纸的案卷应装订。装订应采用线绳三孔左侧装订法、要整齐、牢固、便于保管和利用。

2）装订时必须剔除金属物。装订方法见图 4-4～图 4-9。

（5）分组动手装订资料

2. 工程文件的归档

（1）归档应符合下列规定：

1）归档文件必须完整、准确、系统，能够反映工程建设活动的全过程；

图 4-4

① 将所要装订的卷宗材料整理齐。

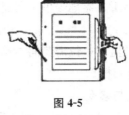

图 4-5

② 用夹子夹住卷宗右侧（以便固定卷宗材料），用锥子在卷宗左侧的装订线上标记三个孔位钻孔。

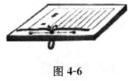

图 4-6

③ 将装订绳对折，将两个蝇头并齐后从卷宗背面穿入中间孔。注意装订绳要在卷宗背面留出一定长度，以便打结。

图 4-7

④ 将两个绳头分别穿入两边的孔中，并在背面由装订绳形成的圈中交叉穿过。

图 4-8

⑤ 用力拉紧两个绳头，使装订线紧缚在卷宗之上，之后将两个绳头打结。

图 4-9

⑥ 将卷宗正面朝上放置，取封条沿卷宗左侧装订线按图中所示进行粘贴。

2）归档的文件必须经过分类整理，并应组成符合要求的案卷。

（2）归档时间应符合下列规定：

1）根据建设程序和工程特点，归档可以分阶段分期进行，也可以在单位或分部工程通过竣工验收后进行。

2）勘察、设计单位应当在任务完成时，施工、监理单位应当在工程竣工验收前将各自形成的有关工程档案向建设单位归档。

3）勘察、设计、施工单位在收齐工程文件并整理立卷后，建设单位、监理单位应根据城建档案管理机构的要求对档案文件完整、准确、系统情况和案卷质量进行审查，审查合格后向建设单位移交。

4）工程档案一般不少于两套，一套由建设单位保管，一套（原件）移交当地城建档案馆（室）。

5）勘察、设计、施工、监理等单位向建设单位移交档案时，应编制移交清单，双方签字，盖章后方可交接。

6）凡设计、施工及监理单位需要向本单位归档的文件，应按国家有关规定和本规范附录 A 的要求单独立卷归档。

3. 工程档案的验收与移交

（1）施工、监理等工程参建单位应将工程资料按合同或协议在约定的时间按规定的套数移交给建设单位，并填写移交目录，双方签字、盖章后按规定办理移交手续。

（2）列入城建档案馆（室）档案接收范围的工程，建设单位在组织工程竣工验收前，应提请城建档案管理机构对工程档案进行预验收，建设单位未取得城建档案管理机构出具的认可文件，不得组织工程竣工验收。

（3）城建档案管理部门在进行工程档案预验收时，应重点验收以下内容：

1）工程档案齐全、系统、完整；

2）工程档案的内容真实、准确地反映工程建设活动和工程实际状况；

3）工程档案已整理立卷，立卷符合本规范的规定；

4）竣工图绘制方法、图式及规格等符合专业技术要求，图面整洁，盖有竣工图章；

5）文件的形成、来源符合实际，要求单位或个人签章的文件，其签章手续完备；

6）文件材质、幅面、书写、绘图、用墨、托裱等符合要求。

（4）列入城建档案馆（室）接收范围的工程，建设单位在工程竣工验收后 3 个月内，必须向城建档案馆（室）移交一套符合规定的工程档案，并按规定办理移交手续。若推迟报送日期，应在规定报送时间内向城建档案馆申请延期报送，并说明延期报送的原因，经同意后方可办理延期报送手续。

（5）停建、缓建建设工程的档案，暂由建设单位保管。

（6）对改建、扩建和维修工程，建设单位应当组织设计，施工单位据实修改、补充和完善原工程档案，对改变的部位，应当重新编制工程档案，并在工程竣工验收后 3 个月内向城建档案馆（室）移交。

（7）建设单位向城建档案馆（室）移交工程档案时，应办理移交手续，填写移交目录，双方签字、盖章后交接。

读者可扫描下方二维码，了解折图纸的方法和操作视频。

折图纸方法

折图纸操作视频

附　图

××学院××校区迁建工程（一期）1号、2号学生宿舍工程

建筑设计说明

一、设计依据
1. ××区建设局核准的我校校区迁建工程项目××学院××校区迁建工程（一期）的有关批件。
2. 甲方委托我院承担本工程一、二号学生宿舍楼的施工图设计任务。
3. 现行的有关设计规范、规程《民用建筑设计通则》（GB 50352—2005）。
《建筑设计防火规范》（GB 50016—2014）、《砌体结构设计规范》（GB 51/5027—2008）、《混凝土结构设计规范》（GB 50010—2010）等现行国家相关规范、规程。
墙体材料详《JGJ 113—2015》《混凝土小型空心砌块砌体结构技术规程》。

二、工程概况
1. 本宿舍为××学院××校区迁建工程（一期）1号、7号学生宿舍楼，共3层，每层63间。
回风式。本工程建筑面积为14621.6m²，本栋建筑面积为14621.6m³，本栋建筑面积4人间。
2X14621.6m³为29243.2m²。
2. 基地自然地坪绝对标高为0.45m，室内标高 2.115m。
3. 本建筑物室内外高差土0.000与室外标高 -0.45m。室内、设计总高度均为478.85，室外最大标高相对标高为7.8，建筑物总高度为50m。
4. 本工程耐火等级为二级。
5. 本工程合理使用年限为50年。
6. 本工程抗震设防烈度7度。

三、设计标高
本设计标高以米为单位，标高以米、坐标以米为单位。

四、墙体工程
1. 建筑物内外墙均为轻质砖墙、陶粒空心砌块墙、蒸汽加压混凝土砌块墙。
GB 50222—95的要求详见本单位施工平面图。

五、屋面工程
1. 本工程屋面为不上人平屋面（见屋顶平面图）。
屋面构造见国标图集。
2. 本屋面防水工程为二级防水，防水层使用年限15年。

六、外墙工程
1. 本工程外墙装饰见建筑立面图及材料做法表。

七、装修工程
1. 本工程各房间装修见室内装修表。

门窗表

门窗明细表

类别	设计编号	洞口尺寸(mm)		数量	面积(m²)	采用标准图集号	备注
		宽	高				
门	M4226	4200	2600		10.92	90系列铝合金门(见外) NQ2-604/704	铝门M40
	M3628	3620	2800		10.08	90系列铝合金门(见外) NQ2-604/704	铝门M36
	B1W0526	1500	2800		3.9	70系列铝合金门(见外) NQ2-604/704	铝门M27
	BM0821	1200	1900		3.78	甲级防火门	
	M0921/8	900	2100		1.89	甲级防火门	
	M0921#	900	2100		3.15	甲级防火门	
	M1821	1800	2100		3.78		
	M1021	1000	2100		2.1		
	BM0026	900	2600		2.34	70系列铝合金门(见外) NQ2-604/704	铝门M925
	M0721	700	2100		1.5/5		
	BM0907	900	700		1.89	70系列铝合金门(见外) NQ2-604/704	
窗	C2010	600	900		5.6		铝门C22
	C0609	600	900		0.54	塑钢窗+5mm白玻中空 NQ2-604/704	铝门C221
	C1218	1200	1800		3	铝合金+5mm白玻中空 NQ2-604/704	铝门C6
	C1527	1500	2700		1.65	铝合金+5mm白玻中空 NQ2-604/704	铝门C291
	C0918	1000	1800		1.8	铝合金+5mm白玻中空 NQ2-604/704	铝门C629
	C0627	1200	2700		1.62	铝合金+5mm白玻中空 NQ2-604/704	铝门C629
	C2607	600	700		0.42	铝合金+5mm白玻中空 NQ2-604/704	铝门C31
	C0809#	600	900		0.54	1.5m高白玻璃木制作	

室内装修表

工程特征

建筑施工图纸目录

建筑节能设计

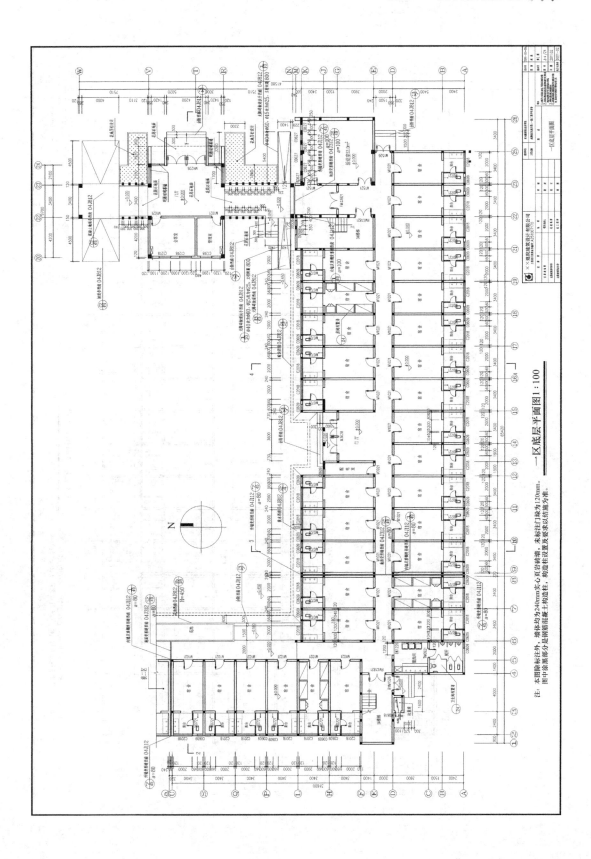

一区底层平面图 1：100

注：本图除标注外，墙体均为240mm实心页岩砖墙，未标注门垛均为120mm。
图中涂黑部分是钢筋混凝土构造柱，构造柱设置及要求以结施为准。

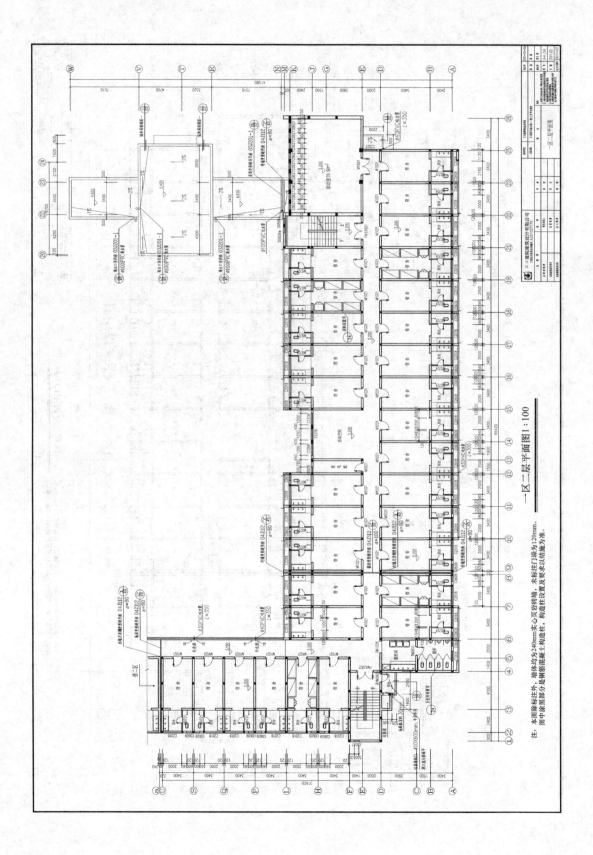

一区二层平面图 1:100

注: 本图除标注外, 墙体均为240mm实心页岩砖墙, 未标注门垛为120mm。
图中涂黑部分是钢筋混凝土构造柱, 构造柱设置及要求以结施为准。

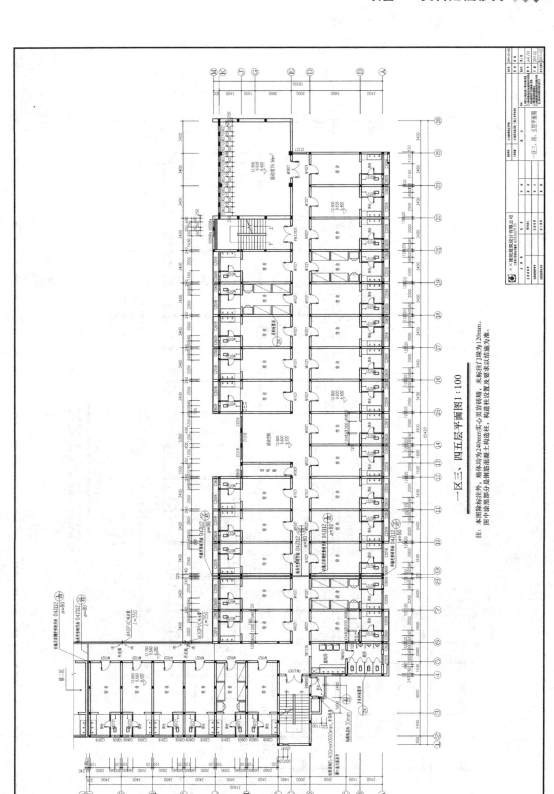

一区三、四五层平面图 1:100

注：本图除标注外，墙体均为240mm实心页岩砖墙，未标注门垛为120mm。
图中涂黑部分是钢筋混凝土构造柱，构造柱设置及要求以结施为准。

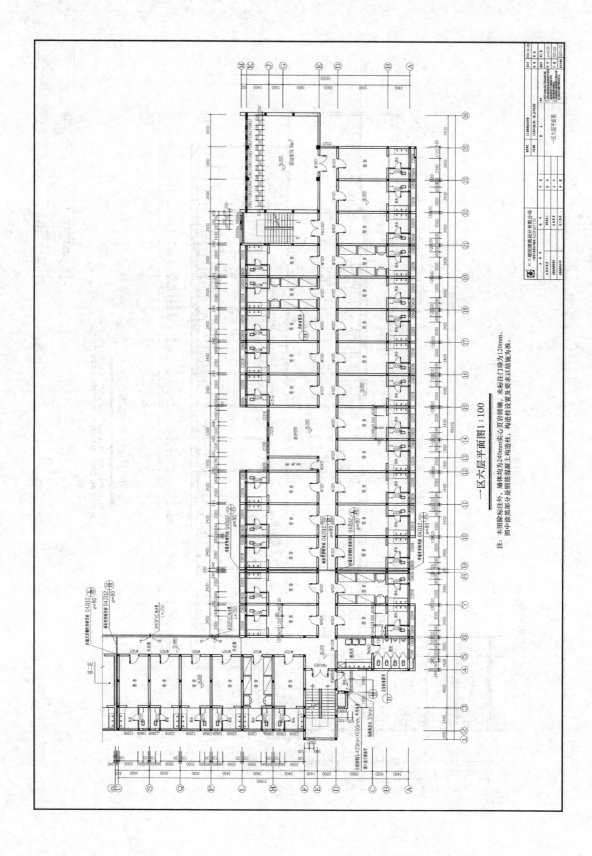

一区六层平面图1：100

注：本图除标注外，墙体均为240mm实心页岩砖墙，未标注口垛为120mm。
图中涂黑部分是钢筋混凝土构造柱，构造柱设置及数量以现以结施为准。

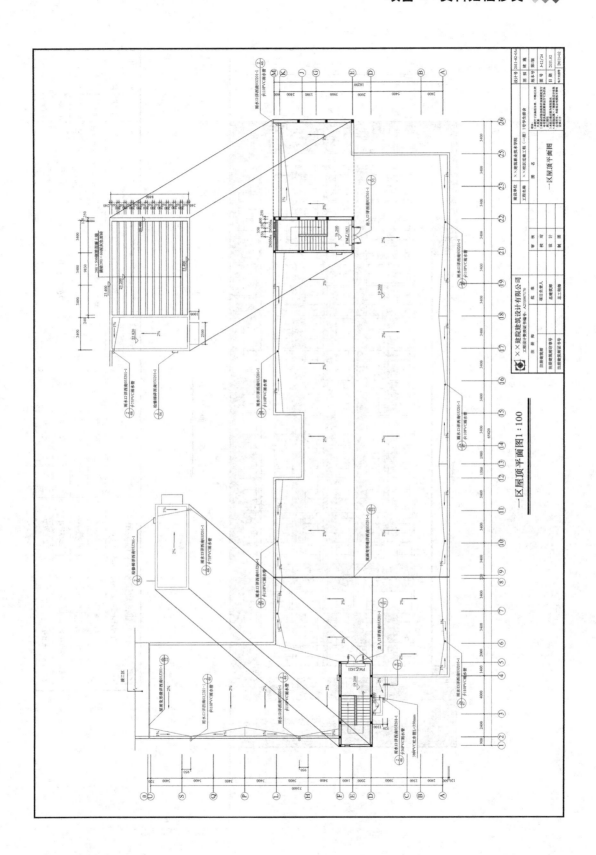

一区屋顶平面图 1:100

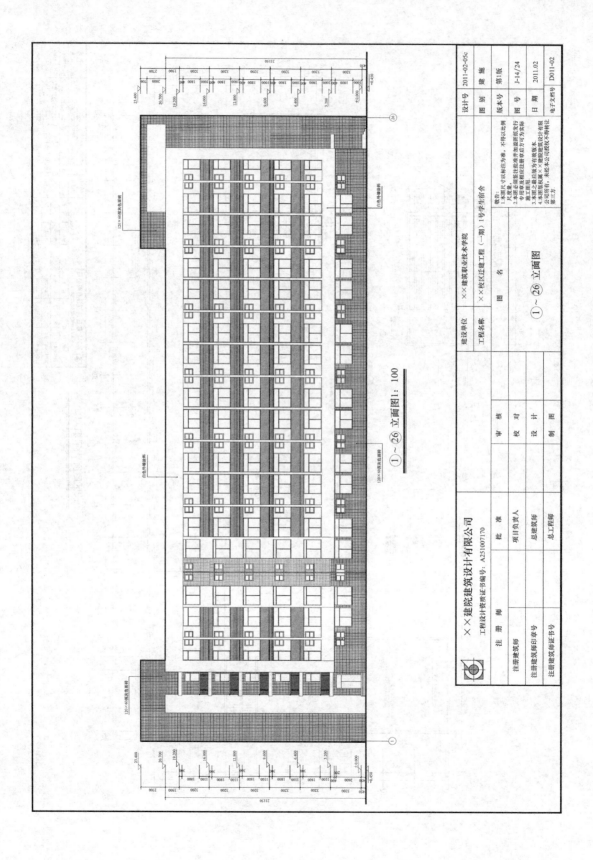

①～㉖立面图1：100

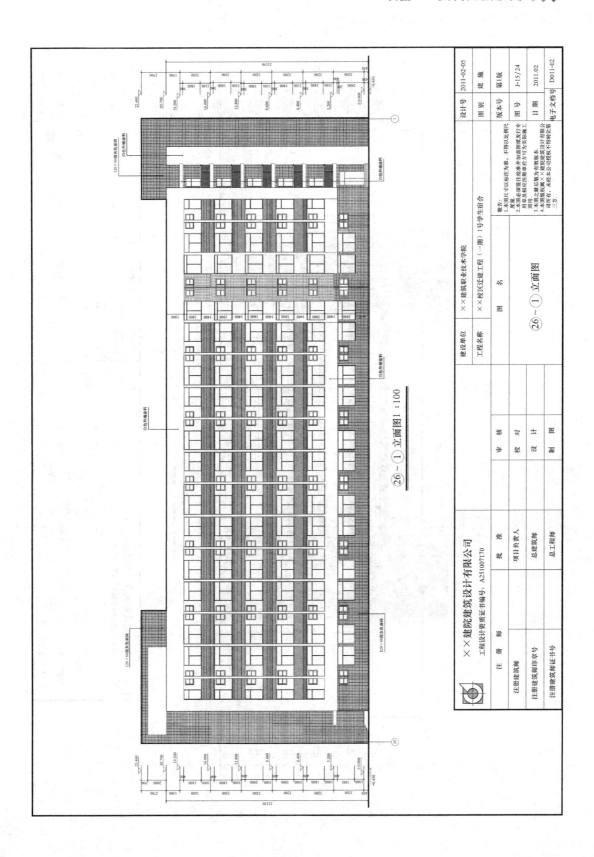

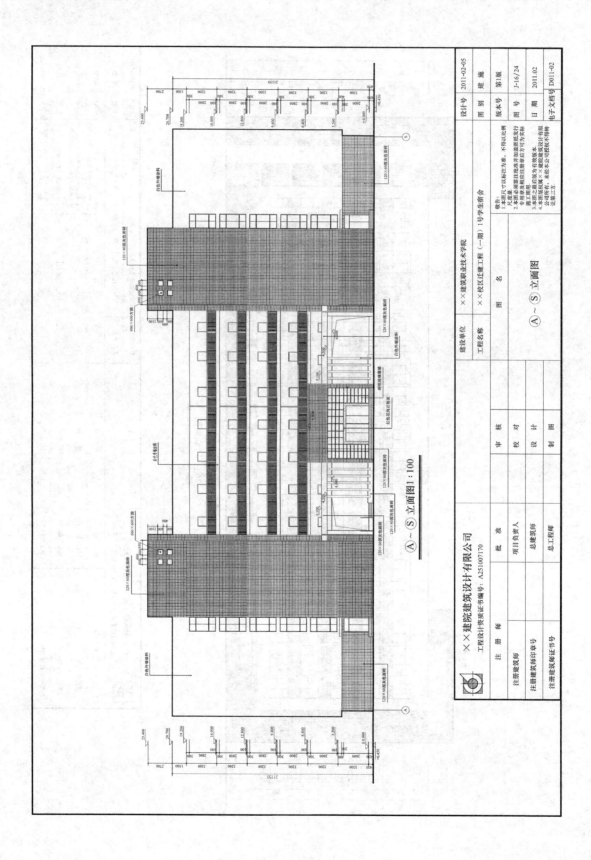

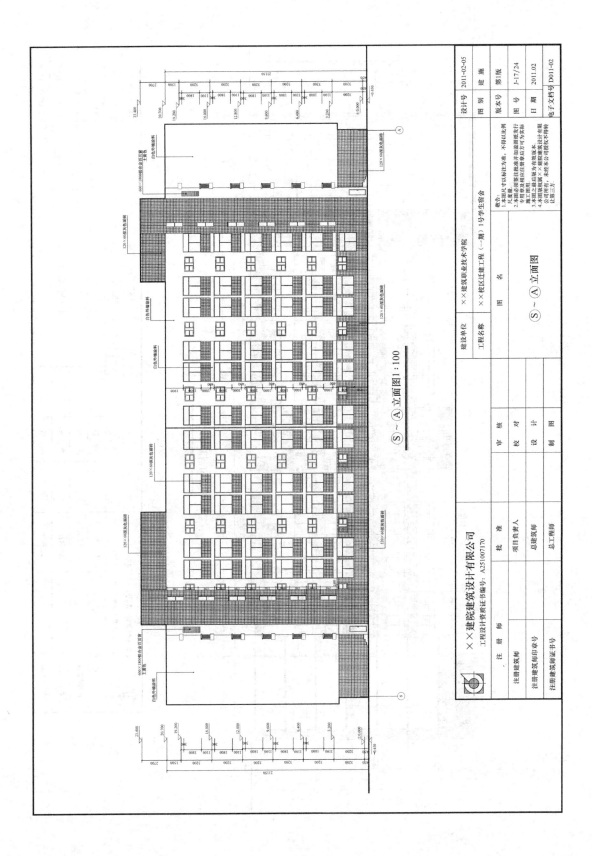

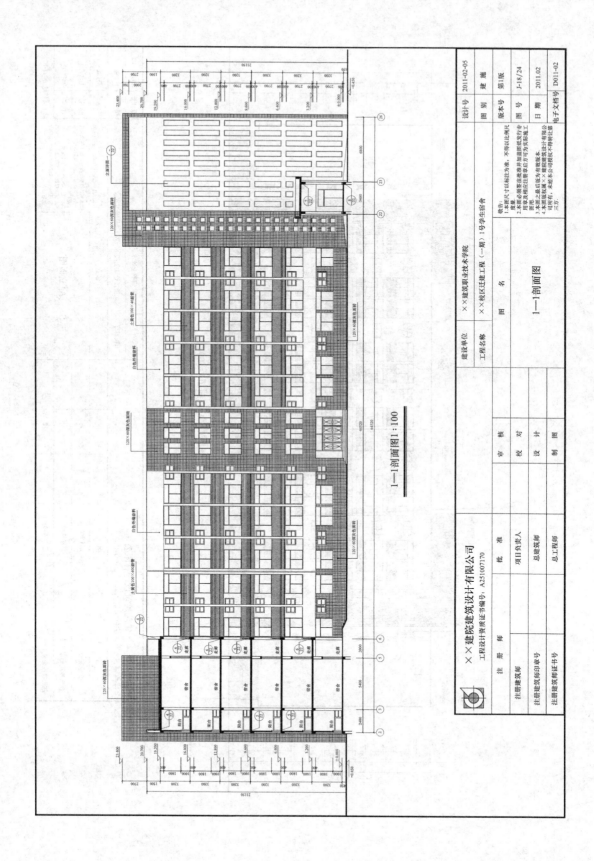

1—1剖面图1:100

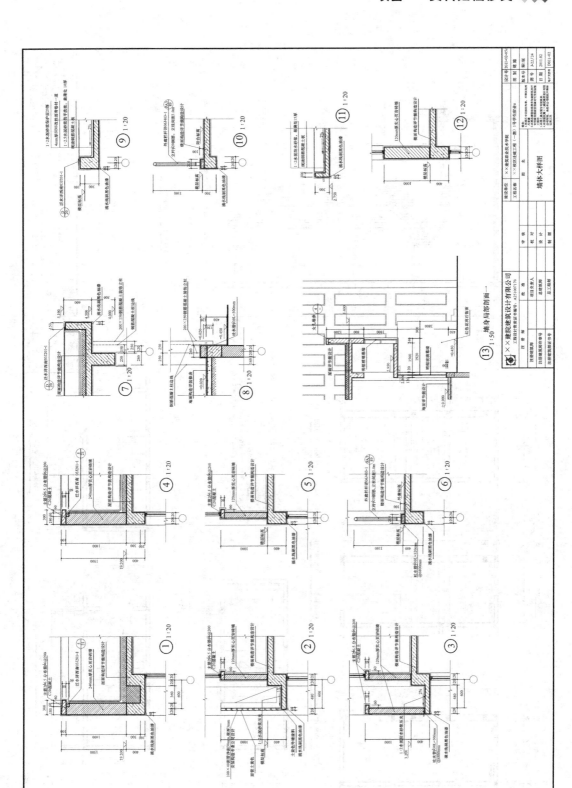

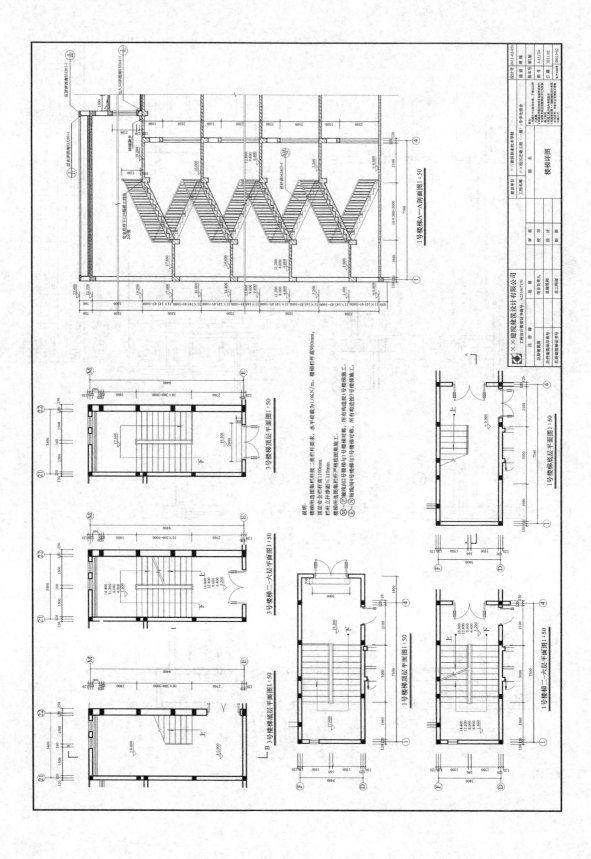

参 考 文 献

1. 中国建筑科学研究院. GB 50300—2013 建筑工程施工质量验收统一标准 [S]. 北京：中国建筑工业出版社，2014.

2. 高忠军，甘雨，陈振华. 广西建筑工程资料填写范例与指南 [M]. 北京：清华同方光盘电子出版社，2012.

3. 魏明. 资料员 [M]. 北京：中国环境出版社，2013.

4. 裴哲. 建筑工程施工质量验收统一标准填写范例与指南 [M]. 北京：清华同方光盘电子出版社，2014.

5. 中建一局集团建设发展有限公司. JGJ/T 185—2009 建筑工程资料管理规程 [S]. 北京：中国建筑工业出版社，2010.

参考文献